Pequeños cuerpos de agua

Primera edición: febrero de 2022
Título original: *Small Bodies of Water*

© Nina Mingya Powles, 2021
© de la traducción, Ana Herrera, 2022
© de esta edición, Futurbox Project, S. L., 2022
Todos los derechos reservados, incluido el derecho de reproducción total o parcial en cualquier forma.
Esta edición se ha publicado mediante acuerdo con Canongate Books Ltd, 14 High Street, Edimburgo EH1 1TE

Corrección: Isabel Mestre
Diseño de cubierta: Taller de los Libros
Imagen de cubierta: korkeng / Shutterstock

Publicado por Ático de los Libros
C/ Aragó, 287, 2.º 1.ª
08009, Barcelona
info@aticodeloslibros.com
www.aticodeloslibros.com

ISBN: 978-84-18217-57-9
THEMA: DNL
Depósito legal: B 2732-2022
Preimpresión: Taller de los Libros
Impresión y encuadernación: Liberdúplex
Impreso en España – *Printed in Spain*

Nina Mingya Powles

Pequeños cuerpos de agua

Traducción de
Ana Herrera

ÁTICO DE
LOS LIBROS

Barcelona - Madrid - México D. F.

Para mi familia

Índice

Una chica nadando es un cuerpo de agua

La piscina está al borde de una colina que domina el valle donde empieza la ciudad. Desde allí, casi veo las oscuras selvas tropicales del monte Kinabalu. Conozco los nombres de los seres que viven entre los árboles y las corrientes por haber hojeado los libros de historia natural de Gong Gong: el pez ventosa de Borneo, el águila serpiente de Kinabalu, la enorme flor *Rafflesia,* la polilla del Atlas, con ojos blancos en las alas.

Mi prima Sara y yo tenemos diez años. Nacimos con un mes de diferencia, pero ella ya sabe tirarse de cabeza por el lado que más cubre y yo todavía no. Poco a poco, bajo por la fría escalerilla de metal y nado tras ella, levantando un surtidor de olas blancas detrás de mí, hasta que los dedos de mis pies buscan por debajo y no hay nada que me sujete. Voy hacia el borde, jadeando. Me siento feliz allí donde hay algo sólido a lo que agarrarse, donde puedo ver nuestras salpicaduras, que forman dibujos en espiral, en el cemento caliente. Desde allí, me impulso hacia abajo con las piernas. Me mantengo en un rincón seguro del lado más hondo y espero a ver cuánto tiempo soy capaz de contener el aliento. Al mirar por las gafas de natación veo nubes de selvas tropicales, un arcoíris acuoso. Veo el lado inferior de los pétalos de los franchipanes que flotan en la superficie, sus sombras con bordes dorados se mueven en mi dirección. Estiro las piernas y los dedos de los pies y me lanzo hacia el sol.

Gong Gong nos llevaba en coche hasta el club de golf Sabah cada vez que íbamos a visitarlo. Salía a hacer su recorrido matutino mientras Sara y yo nos íbamos directas a la piscina y nuestras madres se rezagaban detrás de nosotras. Po Po se quedaba en casa, como de costumbre. A lo largo de los muchos años que visité a mis abuelos en Malasia, no recuerdo que Po Po viniera nunca con nosotros a la piscina.

~

Soy blanca, malasia y china, aunque no todo el mundo se da cuenta de inmediato. Mi madre nació en Malasia y se marchó a vivir a Aotearoa (Nueva Zelanda) cuando tenía diecisiete años. Yo nací en Wellington. Nos trasladamos a Nueva York cuando tenía tres años, por el trabajo de mis padres, y regresamos a Wellington cuatro años después; luego volvimos a hacer las maletas cuatro años más tarde y nos instalamos en Shanghái. Tenía quince años cuando abandoné Shanghái para volver de nuevo a casa, aunque por entonces lo de «casa» era una palabra muy evasiva.

¿Dónde está ese lugar al que se ancla el cuerpo? ¿Qué cuerpo de agua es el tuyo? ¿Me he anclado a demasiados lugares a la vez, o a ninguno en absoluto? La respuesta se encuentra en alguna zona intermedia. A lo largo del tiempo, surgiendo de ese espacio que está entre medias, se forman nuevas islas.

10

~

Mi primer cuerpo de agua fue la piscina. Debajo del agua yo era como uno de los pececillos plateados de Gong Gong con los ojos argénteos. Como uno de esos catalogados y conservados en un líquido dorado en frascos en el estante de la habitación donde yo dormía, atrapados allí y brillando eternamente. Fue allí donde aprendí por primera vez cómo hacer una voltereta debajo del agua, donde nadé por primera vez en aguas hondas y donde aprendí a poner los dedos de los pies en punta, juntar las piernas y salir con una patada de una forma que me hacía sentir poderosa. Allí pasamos horas fingiendo ser sirenas. Pero yo no pensaba demasiado en mí misma como sirena, sino más bien como una criatura acuática poco grácil, porque no tenía el pelo largo y no era buena nadadora. Quizá medio orca medio niña.

~

Unos cangrejos de color rosa se escurrían por el fondo de aquella piscina al aire libre junto a mi escuela internacional, a las afueras de Shanghái. Relucían a través del cloro como gemas brillantes y carnosas. Mis amigas y yo nos sentíamos conmocionadas al ver allí a esas criaturas, justo debajo de nuestros pies, en aquel terreno descolorido donde no había ni pájaros ni insectos, aparte de los mosquitos. El mar no estaba lejos de nosotras entonces, era como una masa oscura más allá de la pista de golf y un espigón de cemento.

Siempre estaba allí, pero su presencia era remota, de alguna manera irreal, como si no estuviera realmente lleno de cosas vivientes. Notaba el impulso de recoger los cangrejos con las manos y volver a pasarlos por encima del muro que nos separaba del cuerpo de agua más grande que jamás había visto, el delta del río Yangtsé, y, más allá todavía, el mar del Este de China.

En la ciudad de cemento de Shanghái, aquella piscina con exceso de cloro se convirtió en nuestro santuario. Su tonalidad aguamarina resplandecía ante un horizonte polvoriento. Las amigas más íntimas de mi grupo nos habíamos criado en todas partes: Singapur, Pekín, Míchigan, Wellington. Shann, la más moderna y estilosa de todas nosotras, con sus gafas de montura azul; Jessie, una rubia corredora de campo a través y genio de las matemáticas, y Bex, una guitarrista que leía novelas rusas y a Kurt Vonnegut en su tiempo libre y que era mestiza, como yo. Todas nos íbamos trasladando por el mundo cada pocos años, y todas notábamos que nuestro tiempo juntas se acababa. Teníamos trece años, casi catorce, pero debajo del agua fingíamos que éramos otra cosa, que no éramos humanas. O quizá no estuviéramos fingiendo en realidad.

Bajo el agua todo era distinto, estaba bañado en un silencio sacro y en ecos azules. Las ventanas inclinadas proyectaban unas líneas onduladas de luz líquida por debajo de la superficie, a través de nuestros cuerpos. Sentíamos cómo se movían nuestros miembros, ligeros y fuertes, recién hechos. Nos apartábamos del borde y volvíamos al azul una y otra vez, y nos sumergíamos cada vez más y más hondo.

~

En una playa de la costa de Kāpiti, en Aotearoa, mi padre y yo vadeamos por la arena hacia un lugar donde unas olas de escasa altura nos lamen las pantorrillas. Con los cubos en la mano, palpamos con los dedos de los pies las conchas de los *pipis* que sobresalen de la arena. En el lugar donde el estuario de Waikanae se amplía y se vacía en el mar, yo permanezco de pie en el borde del banco de arena y empujo fuerte con los pies. Se forman grietas en la arena, como si fuera una lámina de hielo que se resquebraja. Al menor movimiento de mis pies, pequeños acantilados de arena se derrumban debajo de mí hacia el estuario. La lenta corriente se mueve para hacer sitio al nuevo fragmento de costa que he creado. Comprendo que, con la más ligera presión, soy capaz de causar una pequeña ruptura, una falla.

Cuando volvimos a Aotearoa, procuré no tener miedo a las aguas abiertas. No hay arena aquí, en el límite de la bahía de Wellington, en la playa que está junto a la casa de mis padres, solo guijarros, madera de deriva y conchas. Todo me roza y me rasca, y me deja marcas en la piel: rocas, viento, sal. El frío duele al principio, pero nos tiramos de cabeza hacia las olas y volvemos a salir chillando, riendo. Aparto de mí todo pensamiento de medusas y de mantarrayas, aquellas que la orca viene a veces a cazar. Con la costa a la vista, floto de espaldas y dejo que el océano me acune entre sus brazos. Unas enormes corrientes invisibles surgen de debajo, me mecen, más cerca. Echo la cabeza hacia atrás y allí está la isla de Mākaro, bocabajo ante mis ojos, per-

13

fectamente simétrica y verde, como si acabara de surgir de entre las aguas.

Nadar en la bahía de Wellington es nadar en la costura profunda entre dos piezas inclinadas de tierra que se han ido separando con el tiempo. Los movimientos repetidos a lo largo de la falla de Wellington han hecho que se eleven formaciones como acantilados por encima de la costa occidental de la bahía. Los pequeños islotes de Mākaro, Matiu y Mokopuna, que salpican el estrecho cuello del puerto, son en realidad los picos de una cordillera sumergida que corre paralela a la península de Miramar, en forma de *taniwha.*[*]

Junto a la bahía Oriental, el mar trae restos de una tormenta de verano que acaba de pasar: madera de deriva hecha pedazos, floraciones de algas, tapones de botellas de leche de plástico, alguna medusa luna de vez en cuando. Si me alejo nadando, encuentro una capa de azul claro, fundido. Es enero, en pleno verano, y he venido en avión a casa desde Shanghái, donde llevo un año viviendo, estudiando mandarín en la universidad. Mi amiga Kerry y yo nos metemos por encima y por debajo de las olas bamboleantes. En este momento de nuestras vidas, ninguna de las dos está segura de dónde está exactamente nuestro hogar, pero debajo del agua esa cuestión no parece que importe. Surgiendo de la nada, una silueta negra se acerca a mi cuerpo y yo me balanceo en busca de Kerry, pero entonces veo la forma de las alas. El cormorán negro está a media zambu-

---

[*] Ser sobrenatural de la mitología maorí que vive en ríos y aguas profundas, en cuevas o en el mar, especialmente en los lugares con corrientes o rompientes traicioneras. *(Todas las notas son de la traductora.)*

llida, con los ojos abiertos, las alas extendidas y se hunde en las profundidades. *Kawau pū*, el cormorán negro nativo. Se apostan en las playas rocosas a lo largo de toda la costa de Wellington y mantienen las alas abiertas para secarlas al aire y al sol. Otra ola se alza sobre nosotras y volvemos el cuerpo hacia él, abriéndonos.

~

El hogar no es un lugar, sino una serie de cosas que hemos perdido o dejado atrás: bayas secas de agapanto, exoesqueletos de cigarras (diminutos fantasmas todavía aferrados a los árboles), cáscaras desechadas de huevos de codorniz en el plato de Po Po, huesos de cereza en la hierba, un capullo de crisantemo ahogado en el fondo de la tetera. Algunas cosas son más difíciles de tomar entre los brazos: el olor a sal y a crema solar, líquenes de color verde menta en las rocas, árboles *pōhutukawa* doblados por el viento encima de valles de madera de deriva.

~

El estanque de las Damas está escondido en un prado, en un rincón de Hampstead Heath. Voy a buscarlo un día yo sola, durante una ola de calor, en abril. Me pongo el bañador verde debajo de la ropa y meto algunas cosas en mi mochila morada: una toalla, agua, dos melocotones y un Kit Kat. Mi bañador es del color de los caramelos verdes con sabor a manzana; la tela es brillante, casi metálica, y me siento como una sirena cuando lo llevo. Cuando Sara y yo fingíamos que éramos sirenas en la piscina, siempre me imaginaba que tenía una cola resplandeciente hecha de escamas verdes y moradas.

Paso ante el cartel de la cancela que dice: «No se permite el paso de hombres a partir de este punto». Observo que el banco de madera donde he dejado mis cosas tiene talladas las palabras «RECUPEREMOS LA NOCHE», y empiezo a notar que se trata de un lugar sagrado en la vida de muchas mujeres. El estanque iluminado por el sol está bordeado de juncos y sauces, y libélulas azules rozan la superficie. Bajo desde la plataforma por el borde y me lanzo al agua con demasiada rapidez. El frío extrae todo el aire de mis pulmones. Respiro hondo con los labios muy apretados para intentar tranquilizarme.

El Heath es mi trocito bien cuidado de naturaleza, mi nuevo hogar. Camino sobrecogida bajo los robles antiguos mientras recojo hojas con venas rojas y piñas de pino en miniatura caídas desde los alisos. Como quiero describir las cosas con precisión, me aprendo los nombres de los árboles de las historias que he leído desde la niñez, pero que nunca he visto en la vida real. Las palabras me parecen casi místicas ahora: avellano, tejo, fresno. Busco los nombres de las aves que se encuentran habitualmente en el Heath: chamariz, focha, gallineta, malvís, tordo mayor, cernícalo. Todos me saben a algo extraño, como las palabras inventadas de las canciones infantiles, ajenas, comparadas con las aves a las que estoy acostumbrada: *tūī, pūkeko, kākā, ruru, takahē.*

El estanque parece contener capas de perlas traslúcidas y nubes de un verde azulado. Una familia de patos con penacho negro flota a mi alrededor, y me doy cuenta del aspecto raro que tiene mi cuerpo: como desaparecido, medio tragado por las profundidades. Aquí no hay nada que pueda darme impulso para alejarme. No toco el fondo, bajo el agua no veo a más de unos centímetros por delante de mí. No estoy segura de dónde termina mi forma y dónde empieza el agua oscura. Lo único seguro es mi cuerpo. Contengo el aliento y nado hacia el lugar donde el sol toca la superficie.

~

Al hacerme mayor, busqué fuera del canon de la mitología occidental mitos de mujeres que no fueran ni humanas ni peces, sino ambas cosas. En Malasia e Indonesia, los dugongos (un tipo de mamífero marino similar a los manatíes, ambos del orden *Sirenia)* están vinculados en los mitos tradicionales con criaturas mitad peces mitad humanas. En los antiguos textos chinos se mencionan diversos tipos de sirenas, incluida una gente que mora en el mar y que teje seda con los finos filamentos que sujetan los moluscos a las rocas. En el folclore japonés, existe una criatura en forma de pez con cabeza humana llamada *ningyo* (人魚). Deseamos adjudicar el estatus mítico de «sirena» a alguien en el mundo real. Las *ama* (mujeres del mar, 海女) vienen de generaciones de buceadoras a pulmón libre en Japón. En tiempos, se sumergían en busca de perlas y solo la piel las protegía de las frías aguas; hoy en día, bucean en busca de marisco y llevan unos trajes tradicionales con una capucha blanca que están pensados para ahuyentar el mal. En la isla de Jeju, en Corea del Sur, las mujeres *haenyeo* también se ganan la vida con la apnea. Algunos artículos de prensa suelen evocar a esas mujeres como si fueran figuras de un pasado olvidado: «Las últimas sirenas de Japón», «*Haenyeo:* las ancianas sirenas de la isla de Jeju», «En la isla de las mujeres de mar».

En el mito maorí de Pania del Arrecife, Pania es una joven doncella del mar que nada con criaturas marinas durante el día y descansa en tierra por la noche. Un día se enamora de un humano, Karitoki, que no comprende por qué la muchacha tiene que volver al mar cada día. Consulta a un *kaumātua,* un anciano, que le dice que Pania no podrá volver al mar si come algo cocinado por humanos. Karitoki la engaña y le introduce un poco de comida en la boca mientras duerme. Pania se despierta justo a tiempo y huye hacia el mar, y no regresa a tierra nunca más.

~

Estaba junto a un cuerpo de agua cuando recibí una llamada de mi madre diciendo que Po Po había muerto. Había cogido una pulmonía por la noche y sus pulmones no habían podido resistirlo. El río Támesis fluía oscuramente debajo de mí y llevaba pequeños fragmentos de la ciudad al mar. Me quedé mirando la corriente y, con el ritmo de su flujo, intenté calmar la respiración.

No conocía bien a Po Po: no sé hablar hakka, la lengua del lado materno de mi familia, y Po Po hablaba muy poco inglés. Nuestra lengua compartida era la comida. Cuando volvíamos de la piscina, nos traía unos platos de pollo frito muy pegajoso, *curry* de berenjenas y coco, y bananas fritas envueltas en papel. Nos contemplaba desde la cabecera de la mesa con unos ojos chispeantes. Unos años atrás, le regalé un ejemplar de mi primer libro de poemas. Ella sonrió y pronunció lentamente el título, saboreando las letras, y su voz se enganchó en los bordes de esas palabras inglesas que conocía, pero que raramente había pronunciado en voz alta. «Deriva —dijo—. ¿Qué es *deriva?*».

El radical *agua,* 水, radical número 85 de 214, es uno de los más comunes en el chino escrito. Con tres breves trazos del pincel de caligrafía (氵), forma parte de miles de caracteres, la mayoría de ellos relacionados con el agua *(nieve, río, lágrimas, nadar, lavar, flotar, empapar).* Y también hay algunos que no se relacionan directamente, sobre todo verbos: *vivir, existir, concentrarse, mezclar, esforzarse.* Al consultar mi aplicación de diccionario de mandarín, encuentro tantas palabras con el radical *agua* que podrían bastar para formar una lengua completa construida a partir de radicales de *agua.* Empiezo a imaginármela. Es una lengua heredada, que he llevado todo el tiempo en mi interior. No hace distinciones entre los tiempos verbales pasado y presente, ni tampoco entre singular y plural. Como resultado, contiene todos los lugares que llamo *hogar,* así como todos mis recuerdos y todos mis nombres.

El nombre de Po Po, su nombre real, era un nombre inglés: Mary. El nombre con el que la llamábamos, Po Po, es la forma coloquial de *wàipó,* 外婆, que significa «madre de mi madre». Dos caracteres repetidos: 婆 婆. Si lo miras más de cerca, ves una mujer, 女 , y una ola, 波. Allí, en el extremo superior a mano izquierda, está el radical *agua,* un pequeño cuerpo de agua en el borde de su ser, uno que no comprendo del todo. Cuando escribo su nombre, veo que he dibujado a una mujer por debajo de una ola, una mujer entre las olas.

La zona de seguridad

Estoy de pie en la costa de guijarros. El mar es de un gris opalescente, el color de la parte más espesa de una nube de lluvia. Es tan plano, está tan quieto, que, si tocase con la mano la superficie, podría parecer que es cristal sólido. El cielo se está oscureciendo y las nubes se dirigen hacia algo en la distancia. La marea empieza a llegarme a los tobillos y retrocede todo el camino hacia la isla. En el horizonte, distingo apenas una ola negra que se alza del mar. Empieza a tomar forma: una columna de agua negra tan alta que toca el cielo y que se aproxima a mí, y yo soy incapaz de moverme.

No sé cuándo tuve por primera vez este sueño recurrente, solo que lleva conmigo gran parte de mi vida adulta. Mis sueños se intensificaron cuando me fui de Wellington. Ahora, ese sueño viene a mí más a menudo que nunca. Hay pequeñas variaciones. A veces las nubes son negras y rojas en el horizonte y resplandecen con un fuego distante, cuya procedencia no distingo bien. A veces estoy en una isla y, a veces, el mar se vacía y revela una orilla arenosa llena de cangrejos del tamaño de un pulgar y de ballenas pequeñas. Yo siempre estoy atrapada y soy incapaz de moverme. Me despierto sudorosa, con un hormigueo en la mandíbula de tanto apretarla.

~

Aotearoa, es decir, Nueva Zelanda, está a caballo entre dos placas tectónicas en movimiento. La montañosa espina dorsal del país está salpicada de volcanes activos a lo largo, y diversas líneas de falla largas corren por ambas islas. Wellington está situado encima de una red muy delicada de fallas activas. La falla de Wellington traza la curva occidental del puerto y cruza la autopista principal que entra y sale de la ciudad, mientras que la falla de Ohariu y la de Wairarapa corren paralelas. Luego, se dividen en una cadena de fallas más pequeñas, pero igualmente activas, que trazan unas líneas por el lado oriental de la isla del sur. El mapa de las líneas de falla parece parte del sistema nervioso humano, como si las islas estuvieran hechas de nervios que se subdividen en ramas intrincadas y conectadas.

El último terremoto intenso que sufrió Wellington fue en 1855, casi veinte años antes del inicio de la colonización europea. El terremoto de magnitud 8,1-8,2 fue tan potente que generó un tsunami y elevó parte del lecho marino, y formó la línea de la costa tal como es hoy en día.

Toda mi vida, la gente ha dicho que a Wellington le espera «el grande» desde hace tiempo. Durante mi infancia, la amenaza me parecía vaga, distante. Solo empecé a ser consciente de los temblores que nos sacudían a menudo cuando tenía unos diez años. Recuerdo estar sentada en la mesa de la cocina de nuestra casa en Thorndon y notar que la alfombra se movía debajo de mis pies. Con la sacudida, el estómago me dio un vuelco, como cuando inclinas la silla sobre las patas traseras pero calculas mal, pierdes el equilibrio y agitas los brazos para volver a enderezarte. Yo llevaba el uniforme del colegio. Lo recuerdo porque aquella tarde las cálidas luces amarillas de la cocina hacían que mi jersey de lana y mi gruesa falda tableada parecieran de un azul intenso, de un azul marino. Recuerdo que subí corriendo las escaleras en busca de mi madre.

Cuando teníamos simulacro de terremoto en el colegio, nos agarrábamos a las patas de metal de nuestros pupitres hasta que la alarma dejaba de sonar. Ahora, cada mes o así, los periódicos publican titulares como este: «Los wellingtonianos todavía no están preparados para "el grande"» (14 de noviembre de 2017) o «Un gran terremoto podría dividir la región de Wellington en "siete islas"» (24 de marzo de 2017). Cuando aparecen estos artículos, noto esa emoción familiar, esa ansiedad en el pecho. Mentalmente, veo una imagen de la costa que se parte en una docena de islas más pequeñas que se alejan a la deriva hacia el mar. Al mismo tiempo, sé que lo único que intentan esos titulares es que haga clic en ellos y que los movimientos de la Tierra están muy lejos de mi control.

~

Era el día 26 de diciembre, y yo tenía once años. Las imágenes de la tele se movían mientras todo lo demás en la habitación permanecía quieto. En algún lugar detrás de mí, mis padres estaban petrificados, con los ojos clavados en las noticias, donde se veía un trozo de tierra que parecía desplazarse a través de la pantalla. Yo estaba sentada en el pulido suelo de madera, que notaba duro y frío a través de mi pijama de franela. Pero no era la tierra lo que se movía, sino el océano. Una ola. El locutor seguía repitiendo: «La ola», aunque lo que contemplábamos no se parecía en nada a una ola; parecía más bien barro oscuro, o el color de la arcilla húmeda a la que dábamos forma con las manos en el colegio. Parecía que la tierra se estaba derrumbando, y las partes derruidas se lo tragaban absolutamente todo. Parecía que lo que se veía en la pantalla ocurría en algún lugar que estaba muy lejos y, al mismo tiempo, muy cerca. Los cocoteros del fondo, los que, incomprensiblemente, no se había llevado la ola de agua, eran los mismos que había en un lado del jardín de Po Po y Gong Gong, en Borneo. Las palmeras se agitaban con el viento, emborronadas en la pantalla. Me agarré las rodillas y me las apreté contra el pecho. La línea de la costa de Indonesia donde había golpeado el tsunami no estaba tan lejos de donde ellos vivían. Había un grupo de niños agarrados a un árbol que sobresalía y familias enteras apiñadas en los tejados. ¿Qué les ocurriría? Si alguien estaba tomando fotos, ¿significaba eso que iban a rescatarlos?

Justo cuando parecía que el barro se iba a derramar fuera del televisor y nos iba a engullir a nosotros también, la imagen cambió y apareció un científico con cara de funeral y, luego, un gráfico animado rojo, verde y azul en el cual distintas capas de color entrechocaban. Las capas representaban las placas tectónicas de la Tierra, decía el científico, y las líneas azules onduladas eran el movimiento del mar. Unas flechas rojas volaban por la pantalla para mostrar qué camino adoptaría a continuación el mar. Las dos placas tectónicas que habían colisionado eran la placa de Birmania y la placa de la India, y habían causado de ocho a diez minutos de temblores, uno de los terremotos más largos que se han registrado nunca. Yo pensaba en la cantidad de líneas de falla que se interponían entre mi familia y mis amigos al otro lado del mar y yo misma, y que podían romperse en cualquier momento, sin previo aviso.

Desde allí, en el interior de nuestro salón, oíamos el mar, que rugía en un temporal del sur. Justo al otro lado de las dunas.

~

Recientemente, una amiga que trabaja para una editorial educativa de Londres me pidió un sueño. Sus compañeros de trabajo y ella estaban recogiendo sueños, me explicó, para probarlos en un nuevo proyecto. Prepararían una serie de tarjetas ilustradas que servirían para decodificar los sueños, para venderlas en librerías y tiendas de regalos. Valía cualquier sueño.

Le respondí esto por correo electrónico:

Tengo sueños recurrentes sobre ballenas que embarrancan en la bahía de Wellington. Los sueños se volvieron más vívidos y más frecuentes cuando me fui de casa. Normalmente son orcas, a veces ballenas jorobadas. Los sueños empiezan cuando ellas se acercan nadando adonde yo estoy, de pie en la costa, y luego no pueden volver al mar.

Cuando sueño con la bahía, siempre hay ballenas. No siempre las veo con claridad, pero distingo sus siluetas oscuras justo por debajo de la superficie del agua. En un sueño, estoy en un tren viajando hacia la ciudad a lo largo del lado este de la bahía, el lugar por debajo del cual corre la falla de Wellington. Es un día extraño, sin viento. Una enorme ballena jorobada nada a mi lado y se mantiene a la misma altura que yo. En otro sueño, el mar ha inundado nuestro jardín y una manada de orcas ha entrado por la puerta nadando, junto al aloe rojo gigante que da hacia fuera, al mar..., pero el agua no es lo bastante profunda para que puedan irse otra vez a nado. Las veo empezar a agitar las aletas. En otro, visito una especie de zoo urbano muy destartalado, donde tienen una orca en un tanque estrecho y azul, lleno de agua solo hasta la mitad. No me asalta el pánico durante el propio sueño, sino después de despertarme.

~

El terremoto de Wairarapa de 1855 provocó un tsunami potente en la bahía de Wellington, aunque la ruptura inicial de la falla ocurrió en tierra, y no bajo el mar. La tierra de todo el lado noroeste de la falla de Wairarapa se vio empujada súbitamente hacia arriba e inclinó toda la bahía de Wellington y levantó el lecho marino del estrecho de Cook. La cordillera de Rimutaka, la cadena montañosa que se encuentra al norte de la ciudad, subió seis metros. En un borroso vídeo de animación, una simulación del tsunami creada por el Instituto Nacional de Investigación Acuática y Atmosférica en 2008, partes de la bahía relampaguean con unos colores pixelados, como un salvapantallas antiguo de Microsoft. Un científico con acento británico narra el movimiento de la tierra y el mar con un tono monótono y tranquilizador. Los colores que aparecen en pantalla son como los que vi en las noticias de aquel 26 de diciembre de 2004. El mar de un azul digital cambia a un aguamarina luminoso cuando la marea lo absorbe en el estrecho de Cook y, luego, vuelve a inundarlo rápidamente. Los bajíos de la bahía de Lyall, la bahía de Evans y la península de Miramar se vuelven amarillas, naranja y, luego, rojas, convertidas bajo el agua en oleadas de color fluorescente.

Hoy en día hay unas líneas de un azul pálido pintadas a lo largo de las calles costeras de Wellington que marcan el final de la zona de evacuación y el principio de la zona de seguridad.

~

Si llegaba «el grande», yo sabía hacia dónde teníamos que correr. La carretera que sube por la colina detrás de la calle Kōwhai es rocosa y empinada. Libby y yo subíamos a pie por allí cada fin de semana. Teníamos dieciséis años, y casi habían llegado las vacaciones de verano. La carretera serpenteaba colina arriba y cada curva estaba marcada por un banco de madera manchado con excrementos de pájaros y musgo seco. Allí nos sentábamos para recuperar el aliento y notábamos que el pulso nos latía en los oídos, y luego poco a poco iba aminorando y seguía el ritmo del oleaje, que subía y bajaba, abajo, a lo lejos. Entonces mirábamos hacia la bahía donde estaban nuestros hogares, como de juguete y perfectos en el borde de la playa de guijarros. Demasiado pequeños para ver a nadie en las ventanas, que eran de un negro metálico y relucían al sol.

El olor a sal iba desapareciendo, sustituido por el de la hierba seca, el eucalipto y un verdor fresco y húmedo. Forzábamos a nuestros cuerpos a subir por el camino e internarse todavía más en la espesura, donde los *whekī* (árbol helecho) se hacían más grandes y se curvaban por encima de nosotras formando un dosel lleno de flecos. Ya estábamos a la sombra. Tojos tan altos como nuestros hombros se alineaban en el camino, con las siluetas de un blanco fantasmal de los nidos de araña entretejidos estrechamente entre puñados de espinos. Cuando éramos pequeñas, solíamos retarnos la una a la otra a empujar las telarañas plateadas con la punta de un palo, cerrábamos los ojos con fuerza y luego chillábamos.

Una vez, Libby fue por aquella carretera sola y vio a una cría de ruru en la oscuridad, subida a una rama. Su madre debía de estar cerca, escondida entre los árboles oscuros. Yo nunca he visto ninguno, aunque en todo Wellington se los oye ulular suavemente por la noche. Su nombre viene de la llamada que emiten. Ella me lo describió al día siguiente. El pequeño búho tenía unas plumas pectorales de un marrón rojizo y los ojos amarillos. No emitió ni un solo sonido cuando la miró, aunque más tarde, cuando ya volvía a casa, oyó su llamada de dos tonos. La luz era purpúrea, dijo.

En lo alto del risco, los helechos escaseaban y un sol ardiente nos picaba en el rostro. Estábamos de pie en un mar de oro y la ladera entera de la colina estaba recubierta de flores amarillas del tojo, en plena floración. El sol ya había proyectado un estampado de un rosa intenso en los pálidos hombros de Libby, de modo que nos sentamos en un banco alto, por encima del mar, para volver a ponernos crema solar. La ligera curva de la Tierra era un poco visible desde allí arriba, o quizá me lo imaginara. Puse crema a Libby en la piel y vi la silueta borrosa de las montañas nevadas de la isla del sur, que se elevaban con un tono de azul un poco más oscuro que las olas, las cuales reverberaban como si fuera un espejismo. Pero luego no pude parar, y mi cerebro conjuró imágenes del mar desbordado pasando por encima de los tejados de las casas, los jardines y los coches en miniatura aparcados delante de las puertas.

Cada fin de semana, Libby y yo íbamos la una a casa de la otra a hacer gofres con pepitas de chocolate y ver episodios antiguos de *Anatomía de Grey* y *Friends* en DVD. Nos encontrábamos en la cocina de mi casa, y todo estaba inusualmente oscuro, con la habitación solo iluminada por el suave resplandor de la luz de la despensa. Yo estaba metiendo los platos en el lavaplatos cuando el suelo se deslizó de lado debajo de mí. Las paredes hicieron lo mismo, aunque fue en las tablas del suelo que tocaban mis pies donde noté el temblor, y en el frío mostrador, al que me agarré con las dos manos mientras se movía. La casa se sacudió con un solo crujido sinfónico, como si todos los elementos de la cocina estuvieran unidos por una serie de bisagras rechinantes con Libby y yo en el centro, conteniendo el aliento.

Aunque mi cuerpo reaccionó con temor y me aferré a la jamba de la puerta, no fue durante el terremoto en sí cuando entré en pánico, sino en el silencio posterior.

Llamé al perro, Toby, mientras esperaba alguna réplica que estaba segura de que vendría. Oí los pasos de papá en la escalera, con la radio en la mano y buscando ya alguna noticia. «La escucharé por si dan algún aviso», dijo papá con voz despreocupada, aunque percibí que sí estaba alarmado. Probablemente no era necesario, pero sabíamos que los terremotos grandes pueden parecer pequeños desde lejos y que las ondas pueden viajar grandes distancias.

En cuanto dejaron de temblarme las manos y ya no hubo más sacudidas durante al menos diez minutos, acompañé a Libby hasta la cancela y oí que Toby se volvía a echar en su manta junto a la puerta y se removía, medio dormido e indiferente a lo que acababa de ocurrir. Un ruru siguió ululando suavemente en la quietud. Me fui a la cama e intenté dormir.

~

En sus memorias *Los pájaros, el arte y la vida*, Kyo Maclear escribe sobre su experiencia de lo que llama «tristeza anticipatoria», un término con el que nunca antes me había encontrado y que describe muy bien mi experiencia de la ansiedad:

> Pronto descubrí, con sorpresa, que la tristeza anticipatoria exigía una imagen distinta, una postura más alerta. Mi tarea consistía en mantenerme de pie o sentada, pero siempre atenta, vigilando en todas las direcciones [...]. También yo estaba vigilando, oteando el hori-

zonte desde todos los ángulos, por si veía acercarse la fatalidad.*

Al criarme con frecuentes temblores de tierra en una ciudad donde las casas se mueven y crujen al viento, he desarrollado una especie de tolerancia física inmediata a los terremotos. En el momento mismo siento miedo, pero es algo intensamente físico, centrado en las piernas y las manos temblorosas, y en el pecho. El pánico profundo no se instala hasta el momento de tranquilidad posterior, en el eco del terremoto. Siempre tengo menos miedo de lo que está ocurriendo que de lo que podría ocurrir.

Al vivir en estrecha proximidad con el mar, mi cuerpo ha aceptado de alguna manera el hecho de que no puedo vivir constantemente con temor a los terremotos y los tsunamis..., porque, si no, no funcionaría. Nuestra casa está por entero dentro de la zona de riesgo del tsunami, la parte de la costa coloreada de un rojo vivo en el mapa, pero, cuando estoy en casa, me siento encerrada en una red de calor y seguridad. Desde dentro veo el mar. Oigo el viento que cruje y gime en las paredes. Estoy a salvo, sé que, si hace falta, puedo coger el perro y echar a correr. Solo cuando me fui de casa y me mudé a un piso en las colinas por encima de Wellington, o más tarde, cuando me trasladé a Shanghái y, luego, a Londres, mis sensaciones de tristeza anticipatoria se volvieron reales y casi constantes. Temer los acontecimientos catastróficos cuando vives en un lugar geológicamente volátil puede ser visto como un

---

* Maclear, Kyo, *Los pájaros, el arte y la vida*, Barcelona: Ariel, 2017, pp. 7-8. Traducción de Carles Andreu Saburit.

miedo racional, desde luego. Pero visualizar esos acontecimientos obsesivamente, cada día, cuando en realidad no
vives allí, y no por ti misma, sino por tus seres queridos
distantes, no lo es.

~

Mi madre me entregó una vieja foto con las palabras «Verano 1998, Toronto» garabateadas en la parte trasera con su
letra torcida. Yo debo de tener cinco o seis años en la foto.
Quizá la tomó un desconocido, o mi tío Peter, o mi tía
Tina, con los cuales nos habíamos alojado en aquel viaje.
No lo hicieron demasiado bien: el ángulo es extraño, con
mis padres de pie uno a cada lado de mí, mirando fuera de
la cámara. Estamos en el Marineland de las cataratas del
Niágara, en Ontario, y los colores tienen esa profundidad
neblinosa, como si fuera un sueño, de la película demasiado saturada. En la foto, destacan los árboles, de un verde
intenso, igual que mis sandalias, translúcidas y de un brillante color rosa. Me aferro a mi nuevo juguete, una orca
hinchable, y mi nueva varita mágica de orca sobresale de
la parte superior de la mochila de mi padre. Momentos
después de tomar esta foto recuerdo que conocí a Jellybean,
la orca que era la mascota de Marineland. Podías hacerte
fotos con ella en la entrada de la Cueva de la Amistad. Te
ponía la blanda aleta por encima y trataba de levantar el
pulgar ante la cámara, cosa que no funcionaba, porque no
tenía pulgares. El arco de purpurina bajo el que se encontraba estaba decorado con delfines sonrientes que nadaban
en espiral.

En el auditorio, yo estaba tan emocionada por ver a las ballenas que resbalé y me hice un corte en la rodilla con el cemento. Un empleado del parque me regaló una tirita con dibujos de orcas. Dos ballenas saltaron de la piscina al unísono, un arco perfecto en el aire por encima de su entrenador. Parecía que volaban.

Mi obsesión con las orcas adoptó una forma nueva en una clase de escritura creativa durante mi último año de universidad en Wellington. Mis compañeros de clase criticaron educadamente el artículo que había presentado, que había adoptado un tono funesto. Después de ver el documental *Blackfish,* que salió aquel año, 2013, me metí en el laberinto de internet para investigar las muertes recientes de orcas en cautividad en Estados Unidos y en Europa, y la verdad es que había muchas.

Se sabe en general que la orca en cautividad vive solo una fracción de su vida natural. Hay muchos casos registrados de orcas cautivas que han atacado a sus adiestradores, mientras que no se ha registrado que las orcas salvajes muestren ninguna agresividad hacia los humanos. En los años sesenta y setenta del siglo pasado, las orcas salvajes eran sometidas a cautividad, sobre todo desde las aguas de Alaska, la Columbia Británica e Islandia, y se usaban métodos brutales para separar a las crías jóvenes de sus madres. Cuando la salvaje captura de ballenas se declaró ilegal, se desarrollaron programas avanzados de cría en Estados Unidos. SeaWorld empezó a reducir progresivamente su programa de cría en 2016, y los espectáculos con mamíferos marinos vivos ya son ilegales en muchos países, incluido Canadá, pero el número de ballenas que todavía se hallan

33

en cautividad en todo el mundo varía enormemente. La ONG de protección de flora y fauna Conservación de Ballenas y Delfines informaba en 2019 de que todavía quedan al menos sesenta orcas en cautividad en todo el mundo, que se sepa. Según sus datos, hay veintiuna orcas cautivas en parques marinos de Estados Unidos y dieciséis en parques marinos de China.

Escribí sobre las ballenas como si el mundo todavía necesitara convencerse de esos hechos ya bien sabidos, cuando realmente lo que me preocupaba era mi propia complicidad e ignorancia…, haber estado de niña felizmente obsesionada por las mascotas de Marineland. Tenía peluches en forma de orca, juguetes para el baño de orca y un juego especial de pegatinas de orca de Lisa Frank. Lo que más me influyó probablemente fue la serie del canal Disney *spin-off* de *La sirenita* que retransmitieron a mediados de los noventa y en la cual Ariel se hace amiga de una cría de orca llamada Spot. Me sentía muy culpable de que mis padres, como muchos otros, hubiesen llevado a su hija a ver el espectáculo de unos cetáceos gigantescos actuando al ritmo de música pop y que, a lo largo de gran parte de la pasada década, esa práctica continuase sin demasiados problemas, hasta que se rodó un documental ligeramente sensacionalista sobre el asunto. En mi texto, intentaba describir esa vaga ansiedad y esa culpabilidad. Pero era un tipo de culpabilidad particular, que no resultaba útil a nadie. También intenté escribir mis sueños recurrentes: tanques de cristal, aguas poco profundas, muros azules.

La poeta estadounidense Rena Priest ha escrito sobre la famosa orca Tokitae, que fue capturada junto a la costa del estado de Washington junto con otros seis cachorros en 1970, en el punto álgido de la industria del entretenimiento marino. Las ballenas fueron capturadas de entre la población de orcas residentes del sur, ahora en peligro. En el Seaquarium de Miami, Tokitae fue rebautizada como Lolita. Vivió diez años con otra orca llamada Hugo, que murió en 1980; desde entonces, vivió sola en el mismo tanque, en el parque. La palabra para decir *ballena asesina* en la lengua indígena de la poeta, la lengua lummi, significa *nuestros parientes bajo el mar*. Priest explica que compró una entrada para el Seaquarium para ver a Tokitae, y la escena se parece a uno de mis sueños: «Ella se acercó nadando, justo contra la pared, y se quedó allí, suspendida en la superficie [...]. Me quedé sola con ella. Le canté una canción, y ella, a su vez, vocalizó».

El mismo año que escribí sobre la orca, recibí terapia para un trastorno de estrés postraumático leve después de que dos hombres irrumpieran en mi piso de Newtown y me amenazaran con lo que resultó ser una pistola falsa. No me hicieron ningún daño, solo robaron el ordenador portátil de mi compañera de piso. El incidente es más surrealista que terrorífico, si lo pienso ahora, en parte porque mi cerebro solo recuerda imágenes fragmentarias e inconexas. El cristal traslúcido de la puerta, a través del cual vi una figura oscura; el remolino de un rosa oscuro estampado en la funda de mi edredón de plumas de IKEA. Después del allanamiento, tuve pesadillas en las que veía los mismos acontecimientos, pero, en lugar de situarme como víctima, era más bien una transeúnte impotente que miraba mientras alguien muy cercano a mí pasaba por la misma experiencia terrible por la que pasé yo. Los sueños siempre tenían lugar en diversos espacios públicos desiertos en torno a Wellington: en la parte superior de los jardines botánicos, en la estación de autobuses vacía, en el aparcamiento del museo, todo teñido de una luz de un naranja oscuro, apocalíptica. La terapeuta de la clínica de salud mental estudiantil me enseñó una técnica conductual cognitiva básica para ayudarme a evitar que mis pensamientos se disparasen. Me dijo que me tocara cada una de las yemas de los dedos con el pulgar, suavemente, con un ritmo lento, mientras al mismo tiempo contaba. Aprendí a acompasar mi respiración con el ritmo que creaba en cada contacto. «Uno, dos, tres, cuatro, cinco».

Pocas semanas antes del allanamiento, volvía a casa desde clase, con la mochila todavía en la espalda y las llaves en la mano, cuando la moqueta de color antracita se levantó hacia mi cara. Emití un sonido involuntario, un quejido animal. No sabía lo que estaba ocurriendo. Perdí el equilibrio, pero aterricé de rodillas en la alfombra de falso borreguillo mientras la habitación se movía hacia un lado a mi alrededor. Me metí a gatas bajo la mesa del comedor, que se movía bastante pero todavía no había volcado, y me agarré a las patas. Recuerdo que estaba más conmocionada que asustada: «¿Se acaba de levantar el suelo de verdad, o me he caído yo, o ambas cosas?». El temblor duró mucho más tiempo de lo que había ocurrido nunca, y entonces pensé: «Tiene que ser este». Busqué el teléfono en el bolsillo delantero de la mochila y envié mensajes de texto a mi compañera de piso, que sabía que se asustaba mucho con los terremotos; a mi madre, que estaba en el trabajo, y a mi padre, que estaba almorzando en algún restaurante de Cuba Street. La gente siempre decía que aquel sitio era precisamente el menos indicado en un terremoto. Sabía que tenía que intentar ponerme en contacto con ellos antes de que las redes telefónicas cayesen si la cosa empeoraba. Papá fue el que me respondió más rápido: «Debajo de la mesa. Todos bien».

Cuando el temblor fue remitiendo, me sequé la nariz con la manga. No me había dado cuenta de que estaba llorando, pero siempre lloro cuando me asusto. Fui a mi habitación, donde vi que mi estantería se había volcado y había dejado un mar de libros de poesía intactos. Papá consiguió pasar a recogerme desde Newtown, a pesar del tráfico, y recorrimos la bahía en coche muy despacio. Era viernes por la tarde y, como ya empezaba a saberse que nadie había sufrido graves daños con aquel temblor de magnitud 6,5, Wellington se puso en modo emergencia civil moderada con gran entusiasmo, cosa que en realidad supuso que los trabajadores de las oficinas se marcharan a casa más temprano aquel fin de semana y que la gente corriera al supermercado a abastecerse de agua embotellada y de espaguetis en lata. Hubo unos cuantos corrimientos en torno al noreste de la isla del sur, donde el terremoto tenía su epicentro, pero, afortunadamente, nuestra ruta hacia casa estaba despejada, al menos por el momento. Los amortiguadores del coche absorbieron casi todos los temblores de las réplicas, pero por la ventanilla vi oscilar las farolas de la calle al ondularse suavemente el asfalto por debajo de ellas.

~

La mayor parte del tiempo estoy en la zona de seguridad. Sin embargo, mis pensamientos a menudo son como una red de fallas conectadas, y cada pequeña ruptura causa otra de mayor tamaño. No controlo su extensión. Noto una presión intensa en el centro del pecho y mi respiración se convierte en jadeos.

Como muchos, tengo problemas para describir mi ansiedad. En mandarín, «preocuparse» o «estar ansioso» es: *dānxīn,* 担心. La primera palabra en la frase de dos caracteres, 担, *dān,* significa «echarse al hombro» o «acarrear», y originalmente tenía el sentido más específico de «acarrear en una pértiga de hombro». Me imagino a mí misma intentando y no consiguiendo llevar cubos de agua, uno a cada extremo de la pértiga, con el agua salpicando por encima del borde. El segundo carácter es un corazón: 心, *xīn.* Me ayuda a pensar en mi ansiedad en términos visuales. Me imagino un corazón que lleva demasiadas cosas dentro, a punto de estallar, desbordante ante el menor contacto.

Mi madre es de ese tipo de personas a las que se les da bien canalizar la preocupación hacia actos y preparativos prácticos. En su casa, una bañera que no usa está llena de enormes botellas de agua purificada, para emergencias. Todos los dormitorios tienen paquetes de galletitas saladas y comida en lata debajo de la cama. Junto al perchero de los abrigos, que está al lado de la puerta principal, hay siempre unas «bolsas de emergencia» previamente preparadas, llenas de botellas de agua, pilas y botiquines de primeros auxilios, intactas.

Todo esto siempre ha provocado en mí una combinación de regocijo, consuelo y pánico. Mientras mi madre coloca pilas extra y melocotones en lata por la casa a intervalos regulares, mi cerebro se pone a toda marcha. La escena de mis sueños se vuelve a representar una y otra vez a distintas velocidades. Veo la ola negra. Veo doblarse y romperse los árboles, hacerse añicos el cristal, saltar las tejas del tejado.

~

En 2016, un fuerte seísmo bajo las islas Kermadec hizo que aparecieran unos «terremotos fantasma» en el mapa de Aotearoa en línea de GeoNet. Los terremotos fantasma aparecen cuando los sensores realizan lecturas de energía sísmica que ha viajado muchos centenares de kilómetros desde el epicentro de un terremoto grave y fuerte. «La fuerza del terremoto se registra como terremotos generados localmente» según los sensores automáticos, como explica John Ristau, sismólogo de GeoNet, en un artículo con el excelente titular de: «Terremotos fantasma: las esquirlas espectrales de los terremotos». Es como un error de traducción, pero en el lenguaje de la tectónica. Un terremoto grande genera una vasta energía sísmica que engaña a los sensores que están a cientos de kilómetros de distancia, que, a su vez, malinterpretan las oleadas como pequeños terremotos imaginarios.

Estaba en el dormitorio de mi colegio mayor en la Universidad de Shanghái, el 13 de noviembre de 2016, cuando las palabras «magnitud 7,8» aparecieron en la cabecera de mis noticias de Twitter, seguidas por una advertencia de evacuación por tsunami para todas las zonas costeras de la Aotearoa central. Envié mensajes por chat a mis padres y fui actualizando la página una y otra vez mientras me imaginaba la ola enorme cayendo en la oscuridad. Mamá y papá metieron al perro en la parte de atrás del coche y se fueron a la calle Kōwhai, a poca distancia, con la radio puesta, en aquella noche de inquietud. A mí me parecía oír traquetear las ventanas o notar débiles temblores en mi edificio de seis pisos. Lo que ocurría parecía un terremoto fantasma causado por unas ondas expansivas distantes e imaginarias del terremoto real, que se desarrollaba en la pantalla de mi portátil, a miles de kilómetros de distancia.

Lejos de allí, hacia el sur, olas de cuatro metros llegaban invisibles en la noche, empujando el kelp y los cangrejos hacia tierra, pero sin hacer daño a nadie. En algunos lugares de la costa de Kaikoura, el lecho marino se levantó dos metros. Las palabras que oí en la emisora Radio Nueva Zelanda en directo resonaron en mi cabeza durante días: «No vayan a ningún sitio que esté cerca del agua». La advertencia se retiró dos horas más tarde, pero las islas seguían moviéndose.

En internet circulaba una fotografía aérea de dos vacas y un ternero atrapados en una isleta herbácea cuando su cercado, en la ladera de una colina, casi se hundió por completo. Las vacas extraviadas se volvieron virales. «Por favor, salvad a las vacas, no creo que la gente de NZ pueda soportarlo si mueren», tuiteó un desconocido.

Dejé la luz de la mesilla encendida toda la noche, mi lámpara rosa, que arrojaba a su alrededor un resplandor color melocotón. No podía dormir, agobiada por las vacas atrapadas, que, misericordiosamente, fueron salvadas por su dueño al día siguiente. Con una pala, les excavó un camino para llevarlas hasta tierra segura.

~

Poco después de Navidad me llegó una cajita por correo. Dentro había un fajo de tarjetas ilustradas de muchos colores con una nota escrita a mano de mi amiga que decía: «Gracias por tu sueño». Las fui pasando, sin pensar que pudieran ser de ninguna utilidad para mí. Aunque creo en el significado emocional de mis sueños, nunca he prestado demasiada atención a las interpretaciones que hacen los demás de ellos. Sin embargo, sentía curiosidad. Encontré la tarjeta de «agua»: «El agua es un símbolo de tu estado emocional, con asociaciones de cambio y flujo [...]. Una corriente de agua puede sugerir que pasas a una nueva fase».

Me gustaba que las tarjetas estuvieran escritas en un tono directo, comprensible, aunque mantuvieran al mismo tiempo un irritante aire de vaguedad. La tarjeta de «desastre», la única que me interesaba aparte de la del agua, estaba ilustrada con una ola que rompía contra una pequeña ciudad al estilo de *La gran ola,* de Hokusai. Al fondo se veía un sol rojo, un volcán en erupción y un aeroplano que caía en espiral hacia el suelo:

Soñar con cualquier tipo de desastre, ya sea natural (terremoto, inundación, fuego) o provocado por el hombre (explosión, bomba, accidente) puede resultar extremadamente inquietante. Sin embargo, tales sueños no son típicamente precognitivos. Es más probable que sugieran miedos o ansiedades, o algo que sientes que está fuera de tu control.

Por primera vez en mucho tiempo, hice clic en un archivo de mi portátil titulado «Diario de sueños». No lo había actualizado desde el año anterior, cuando asistí a un taller poético en el que uno de los requisitos era llevar un diario de sueños mientras durase el curso. Era inquietante recorrer, como si fuera un catálogo, mis propios sueños, apenas vagamente recordados. La mayoría los había registrado medio dormida momentos después de despertarme, justo antes de que el sueño se desvaneciese y quedase fuera de mi alcance. Eran a un tiempo familiares y extraños, como si perteneciesen a otra persona («Un gato atigrado gigante que parecía una persona que llevaba un traje de gato», escribí el 5 de febrero). Obligarme a mí misma a llevar un diario de sueños a menudo hacía que sueños completamente distintos, de hacía mucho tiempo, volvieran a la superficie sin advertencia alguna:

12/2/19
Una casita pequeña junto al mar. Unas orcas moribundas a su lado, con sus enormes cuerpos negros deslizándose. Yo compraba naranjas a un lado de la carretera. Recordar esto me hizo recordar otro sueño distinto…, solo algunos destellos. Una habitación enorme y oscura hecha de cristal, con orcas dentro de unos tanques azules.

~

La mañana de noviembre es húmeda y nublada. Estoy de visita en casa después de un año fuera, en Shanghái. Miro hacia el mar desde la ventana y una silueta oscura y diminuta altera la claridad. Entrecierro los ojos hacia la luz, pero ya ha desaparecido. Entonces, una aleta alta y negra pasa muy cerca de la punta más septentrional de la isla Mākaro. Desaparece (contengo el aliento) y vuelve a surgir a unos metros de distancia, junto con otra aleta más pequeña. Cojo los zapatos y abro de un tirón la puerta corredera. Fijo los ojos en el agua y corro a toda prisa. Se alza una tercera aleta dorsal, esta vez unida a la silueta de un cuerpo curvado. El aire salobre y frío me muerde el pecho al ir corriendo a la costa, y veo una cuarta silueta, una quinta, una sexta, quizá ocho ahora, y corro para mantener el mismo ritmo que ellas, que se deslizan hacia fuera, hacia la boca del puerto, como aves que van en formación. Veo una cola pequeña que levanta espuma del agua y se revela un vientre blanco como la nieve. Un ballenato que nada junto a su madre. Un *ferry* que pasa apaga el motor y, entonces, oigo a las orcas. Escucho el ruido suave y susurrante que hacen al respirar a través de sus orificios nasales, arrastrando nubes de vapor de agua en miniatura por encima de la superficie mientras avanzan. Se oyen gritos de «¡hala!» y «¡oh!» a lo largo de la playa, donde los que pasean a sus perros se han detenido a mirar. Sigo corriendo y riendo, pero mi risa se la come entera el viento. Corro hasta que ya no son más que un puñado de siluetas oscuras en la distancia. Sigo mirando mucho después de que se hayan ido, mucho después de que hayan salido de la bahía y hayan pasado por el estrecho de Cook, quizá en dirección hacia el sur, por los Sounds, o quizá más hacia fuera todavía, hacia las islas subantárticas, mucho más lejos, donde ya no las veo.

Donde florece el *kōwhai*

El viento sacude los ramilletes de flores del *kōwhai* en el jardín de mis padres, junto al mar. Los pétalos caídos se esparcen por la hierba junto al limonero, donde sus frutos tiemblan y caen de un modo que crean una alfombra de diversas tonalidades de amarillo y oro. El olor y el color de ese rincón del jardín es abrumador.

~

Kōwhai..., amarillo. Las flores del árbol *kōwhai* son, extraoficialmente, las flores nacionales de Nueva Zelanda. Se pronuncian «coh-fai», pero la *o* suena mucho más suave que la *f.* Los dientes solo deben tocar muy ligeramente el labio inferior para poder emitir el sonido. Mientras lo pronuncias, el nombre del árbol se disuelve en el aire.

~

Imagino el árbol a menudo. Veo distintas versiones suyas: de noche, agitado por el viento, o a punto de explotar con sus nuevas flores gigantescas, o temblando por el movimiento del *tūī* que lo roza al pasar en su vuelo. El *tūī,* como un torpedo, es negro y esbelto, con un mechón blanco como una borla en el cuello y unas plumas de un azul verdoso iridiscente en el vientre.

~

Me trasladé a Londres en 2018 para estar con la persona a la que amaba, a quien había conocido el año anterior en Shanghái. Después de meses buscando, mi primer trabajo en Londres fue en un centro comunitario chino, en el norte, a las afueras de la ciudad. Pasaba los días intentando organizar talleres de cocina china en los colegios ingleses. En la pausa para el almuerzo, recorría las amplias calles residenciales de Bounds Green, donde las altas malvarrosas y dedaleras ondulaban en cuidados jardines. Era el 13 de abril de 2018, el «abril más cálido desde hacía sesenta años». Eso era lo que insistía en decir la gente, y ponía mucho énfasis en las palabras al pronunciarlas. La frase se me metió en la cabeza, como el verso de una canción.

~

Ahí es donde empieza todo: con un árbol *kōwhai.* No sé cómo continúa; la imagen es demasiado para mí, demasiado irreal. Así que empiezo de nuevo con el calor impropio de abril. Sudor en el cuello, sol blanco en los ojos. La acera está demasiado caliente para tocarla y cubierta de pétalos de magnolia, espachurrados y marrones por los bordes, pero todavía de color rosa, como tajadas de carne.

~

El Departamento de Conservación de Nueva Zelanda tiene una lista de ejemplares de *kōwhai* ya no como especie en peligro, sino «en riesgo», y protegida, como todos los árboles y plantas nativos. El *kōwhai* crece en todas las colinas y costas de Wellington y anuncia el final del invierno y el principio de la primavera. Derrama su oro en las esquinas de las calles y en los jardines delanteros del lugar donde me crie. El color exacto de sus pétalos en forma de campana, de un amarillo oscuro, como mantequilla derretida, está para mí tan profundamente entretejido con los recuerdos de la casa de mis padres junto al mar y con el jardín iluminado por el sol por detrás que nunca he podido imaginar que un *kōwhai* pudiera crecer en algún otro lugar, y mucho menos aquí, en la esquina diagonalmente opuesta del planeta, donde las estaciones están del revés.

~

En la tienda de regalos de la Royal Academy of Arts, en Londres, encuentro un libro enorme con ilustraciones brillantes: *Joseph Bank's Florilegium: Botanical Treasures from Cook's First Voyage* ('Florilegio de Joseph Bank: tesoros botánicos del viaje de Cook').

Lo hojeo hasta el índice y busco la *K: kōwhai*. No está, pero paso las páginas en busca de algo amarillo. Lo han clasificado bajo su otro nombre, *Sophora tetraptera:* fruto de las cuatro alas. Las semillas de *kōwhai* las llevó por primera

47

vez a Inglaterra desde Aotearoa el botánico *sir* Joseph Banks en el primer viaje de James Cook, en 1769. El historiador W. R. B. Oliver observa que Banks recogió más de sesenta especímenes de plantas, incluido el *kōwhai,* en el mismo lugar donde Cook y su tripulación pusieron los pies por primera vez en Aotearoa, en Turanganui-a-Kiwa, la bahía de la Pobreza, en la costa este. Su desembarco no fue pacífico. Nueve maoríes fueron asesinados por la tripulación del *Endeavour,* incluido Te Maro, líder de los Ngāti Oneone.

Al examinar los diarios de la tripulación, Joseph Angus Macky registra que, después de examinar los cuerpos de los muertos, los botánicos recogieron flores:

> Los botes regresaron al barco a las seis de la tarde. Parkinson mencionó que algunos miembros de la partida dispararon a unos patos a larga distancia y que Banks y Solander recogieron varias plantas curiosas en flor.

~

En 1774, las semillas recogidas por Banks se plantaron en el Chelsea Physic Garden en Londres, entonces conocido como el Apothecaries Garden ('el jardín de los boticarios'). En un número de 1791 del *Curtis's Botanical Magazine* se describe así el árbol:

> No puede imaginarse una imagen más bella que la de un árbol de este tipo [...], que en este momento (28 de abril de 1791) está espesamente cubierto de enormes ramas pendulantes con flores amarillas, casi diría

que doradas, porque contiene una riqueza tan particular que es imposible representarla en todo su colorido.

~

Allí mismo, en la tienda donde se encuentra el libro abierto
en la mesa, veo el verde esmeralda de un *tūī* en pleno vuelo.
Noto que el aire vibra con sus alas batientes.

~

El jardín junto al mar ahora está lleno de maleza. El jazmín
se ha vuelto salvaje, sus ramas se arquean por encima de la
puerta y suben por el aire, buscando algo a lo que agarrarse.
La fucsia está luminosa y rebelde junto a la verja, al lado
de unas rosas de un amarillo crema del tamaño de platos.
Manzanas verdes gigantes y limones caen en la hierba. Un
seto de lavanda, en tiempos cuidado con mucho amor por
mi madre, amenaza con apoderarse de todo. El *kōwhai* sigue en el rincón de atrás, pequeño, larguirucho y azotado
por el viento, pero intacto, como en mis sueños.

~

Leo que, cuando la poeta y erudita Anna Jackson estaba exa-
minando los diarios de la escritora Katherine Mansfield en
la biblioteca Turnbull, en Wellington, encontró una única
flor de *kōwhai* perfectamente conservada y prensada entre
las páginas de uno de los cuadernos de 1908. «Después de
todo este tiempo seguía ahí, todavía amarilla, todavía entre

las dos páginas donde la había colocado Mansfield, hace tantos años. Un trocito del mundo sobre el que escribió estaba allí, como un pedacito de mundo real, todavía».

~

Han plantado tres jóvenes *kōwhais* en una suave elevación en el parque Katherine Mansfield, en Wellington, en el barrio donde ella nació y donde yo fui a la escuela durante siete años. Me echaba debajo de esos árboles después del colegio y miraba los *tūī* y los mirlos que descendían en picado y salían de los árboles, pétalos amarillos en forma de lengua giraban con el viento del norte y la hierba me humedecía las corvas y la gruesa falda de lana de mi uniforme.

~

A mediados del siglo xx, el *kōwhai* se volvió relativamente común entre los arbustos de jardín ingleses. Semiperenne y lo bastante resistente para soportar los fríos vientos marítimos de las costas de Aotearoa, el *kōwhai* medra en Inglaterra. Se ha unido a las muchas plantas introducidas por los británicos desde sus colonias, incluidos los *tī kōuka* (palmera abanico) y los *toe toe (Austroderia),* linos y helechos arbóreos que se inclinan grácilmente por encima de los muros de ladrillo de jardines sombreados en los barrios residenciales adinerados de Londres, Highgate y Hampstead.

~

Cuando vi por primera vez el árbol amarillo en Londres pensé que estaba alucinando. Hacía el calor suficiente para ello. En la distancia, el aire reverberaba y se formaban olas de calor por encima del asfalto. Me acerqué un poco más. El árbol parecía estar encendido. Observé que, si me acercaba lo suficiente, podría ver el oro reflejado en mi piel, como un ranúnculo que me acercara a la barbilla. Sus flores esbeltas, en forma de campana, estaban completamente abiertas, dispuestas para caer al menor contacto. Más de la mitad habían caído ya y formaban un charco de pétalos amarillos. Los toqué con el pie. Tomé una de las flores caídas y me la puse en la mano. Saqué una foto con el móvil y se la mandé a mi madre por WeChat.

~

Las olas de calor ocurren siempre en la ficción como dispositivos de la trama que obligan a los personajes a enfrentarse a la incomodidad y a lo insoportable. Nueva York a menudo se representa en medio de una ola de calor, como ocurre en dos de mis novelas favoritas cuando era adolescente, *El gran Gatsby* y *La campana de cristal.* Esta última es famosa por empezar con el sabor y el olor particulares de una ola de calor en la parte más deprimida de la ciudad: «Las calles calientes temblaban al sol, las capotas de los coches hervían y centelleaban, y el polvo seco, cargado de escoria, se me metía en los ojos y me bajaba por la garganta».* El extraño

* Plath, Sylvia, *La campana de cristal,* Barcelona: Random House, 2019, p. 19. Traducción de Eugenia Vázquez Nacarino.

calor de Londres aquel día hacía que todo pareciera luminoso, como un sueño, un poco inquietante. ¿Serían a partir de entonces todos los abriles como aquel?

~

El árbol vibraba en mi recuerdo más tarde. Volví al día siguiente, y al otro, y al otro, nada segura de si lo encontraría otra vez. Pero allí estaba, todavía erguido en un silencio fantasmal, sin el viento de Wellington y sin ruidosos *tūī* que volaran en torno a sus ramas, cantando y chupando el néctar. ¿Quién plantó ese árbol? ¿Sabían de dónde venía? ¿Lo habría visto alguien más, se habría parado en seco frente a él sin saber muy bien si estaba soñando? Las flores caían sin hacer ruido.

~

Mi propio mapa de Londres consiste en tres líneas que conectan los lugares donde he visto árboles *kōwhai* floreciendo en la ciudad y en torno a ella: al norte, junto a la estación de Bonds Green, al sureste, mientras volvía a la ciudad desde el New Forest (un borrón de un dorado intenso visto desde la ventanilla del coche), y al noroeste, en una calle justo al doblar la esquina desde mi piso. Pasé por allí un día de mediados de otoño. Sus hojas perennes con flecos captaron mi atención. Pétalos dorados secos cubrían el camino de grava. En aquella época aparecían en todas las noticias imágenes de grandes incendios: fuegos en bosques de eucaliptos en Australia, primeros incendios de matorral en Aotearoa. Cada año los incendios son más largos y las imágenes se vuelven más irreales. En un vídeo que circulaba por Twitter, se veía una lengua de fuego y materiales carbonizados volando en espiral debido al viento: un embudo brillante de luz suspendido en el aire.

~

Asistí a un taller de poesía donde uno de los participantes preguntó: «¿Cómo escribimos sobre la naturaleza sin que sea una elegía?». Todavía estoy intentando averiguar la respuesta. En realidad, nunca he querido escribir sobre pérdidas ecológicas, pero tampoco sé cómo evitar escribir sobre ellas. Tengo que empezar otra vez, en esta ocasión con las palabras de la poeta Franny Choi, de su poema titulado: «Cómo soltar el mundo»:

En lugar de todo lo que no puedo hacer o deshacer, sujeto
    las caras de los árboles entre las manos.

~

El relato breve de Katherine Mansfield «En la bahía», escrito en 1922, un año antes de que la escritora muriese de tuberculosis a los treinta y cuatro años, contiene la que estoy segura de que es una descripción de un árbol *kōwhai*, aunque, en el texto, Mansfield le da el nombre de *mānuka*. Pero las flores del *mānuka* no son amarillas ni tampoco tienen «forma de campana». Son blancas y de un rosa carame-

53

lo, con pétalos redondeados y estambres rosa. ¿Confundiría ella los nombres? Vivía en Europa por aquel entonces y no había vuelto a Aotearoa desde hacía más de una década. En la historia, situada en Wellington, uno de los personajes mira las hojas mientras las flores caen a su alrededor:

> […] Si se cogía una de aquellas florecillas en la palma de la mano y se la examinaba atentamente, eran una cosita deliciosa. Cada pétalo, de un amarillo pálido, brillaba como si lo hubieran fabricado manos expertas. Y la pequeña lengüeta del centro le daba la forma de una campanita. Dándole media vuelta, sin embargo, la parte exterior era de oscuro color de bronce. Aunque caían en cuanto florecían, diseminándose. […] Entonces ¿por qué florecían?[*]

~

Un día inusualmente cálido de octubre, el sol me toca en la nuca mientras estoy sentada en el banco de un parque y me pongo los calcetines y los zapatos tras haber nadado en el estanque. Saco mi termo, una manzana y un libro. Estoy volviendo a leer *Turning* ('Dar la vuelta'), de Jessica J. Lee, sus recuerdos del año que pasó nadando en los lagos de Berlín. Abro el libro y cae de él una flor de *kōwhai* prensada entre las páginas 230 y 231. No recuerdo haber colocado esa flor dentro el libro, pero creo que debe de proceder del árbol en plena floración en Bounds Green, porque mi

---

[*] Katherine Mansfield, *Cuentos completos,* Barcelona: Alba, 2001, p. 314. Traducción de Alejandro Palomas, Clara Janés, Francesc Parcerisas y E. de Andreis.

ejemplar de este libro no ha salido nunca de Londres. Es como si sostuviera un recuerdo, o un mensaje secreto, en la palma de la mano, uno que me dejé yo misma y olvidé. Me pregunto si Anna Jackson sintió algo similar cuando abrió el cuaderno de notas de Mansfield en la biblioteca. La flor sigue siendo amarilla, pero ha quedado desvaída hasta un tono dorado pálido, como el color del dibujo botánico de la *Sophora tetraptera* de 1791. Al levantarla a la luz, veo las venas delicadas que corren a lo largo de cada pétalo.

~

¿Dónde empieza la primavera? ¿Dónde termina? El 13 de febrero doy la vuelta a la esquina para ver si el *kōwhai* muestra alguna señal de florecimiento. Noto por primera vez que quienquiera que viva ahí debe de ser un jardinero cuidadoso: una higuera tierna está envuelta en gasa para mantenerla a salvo de las heladas. Me pregunto si me habrán visto contemplando su árbol. Me pregunto si fueron quienes lo plantaron o si lo han heredado, y, si es así, ¿de quién? Las hojas oscuras y perennes del *kōwhai* sobresalen entre las ramas desnudas de plátanos y robles. Veo manojos de pequeñas yemas puntiagudas que empiezan a cambiar del verde al dorado.

~

Mis marcadores del hogar están enraizados en plantas y clima. El viento que sabe a sal, el vibrante gorjeo del *tūī*, el crujido de las conchas bajo los pies, un árbol *kōwhai* que se balancea. A medida que pasa el tiempo, esos pedazos de hogar empiezan a parecer inestables y se alejan cada vez más. Mucho después de haberme ido de Wellington, después de que mis padres se marcharan también de la casa junto al mar, después de que el jardín se volviera salvaje, un árbol *kōwhai* crece en un jardín de Londres: pequeñas pruebas de que, aunque mis trocitos de hogar estén dispersos, yo siempre encontraré la forma de llegar a ellos.

~

Una lista de objetos amarillos: 黄, *huáng* ('amarillo' y también 'obsceno', así como el color oficial de la corte del emperador chino), un comentario racista, mangos maduros en el puesto de fruta junto a la estación del tren, en verano, fideos de huevo fritos hasta que quedan crujientes, jazmines de invierno, un río que corre desde las montañas occidentales de China hasta el mar de Bohai, las plumas del vientre de las cotorras de Kramer, capullos de crisantemo secos para empaparlos en té y las débiles marcas en las alas de la mariposa *kōwhai (Uresiphita maorialis),* cuyas larvas se alimentan del árbol del cual recibe el nombre.

~

Al ordenar estantes en la biblioteca donde trabajo, paso el dedo por los polvorientos lomos de los libros de poesía. Unas formas amarillas captan mi vista. Un pequeño volumen en tapa dura, con el título repujado en el lomo: *Kōwhai Gold: An Anthology of Contemporary New Zealand*

Verse ('Oro *kōwhai,* antología de versos contemporáneos de Nueva Zelanda'), editado por Quentin Pope y publicado en 1930. Me quedo de pie entre las pilas de libros apenas iluminados y sostengo este ejemplar en las manos. Su sobrecubierta, ya muy desvaída, tiene dibujos de esbeltas flores de *kōwhai* curvadas todas en la misma dirección. Hay una plenitud en sus formas, como si estuvieran representadas en su momento de máximo esplendor, a punto de caer. Examino el contenido y, para mi sorpresa, más de la mitad de los poetas incluidos en el libro son mujeres. Algunos nombres ya los conozco: Katherine Mansfield, Robin Hyde, Blanche Baughan. De otras no he oído hablar nunca, incluida una poeta llamada Dora Wilcox, cuyo poema sirve como epígrafe del libro:

Y mientras tu verano se disuelve en lágrimas
la primavera despierta a nuestra Encantadora
      Dama del Bosque,
la *Kōwhai,* que se apresura a envolverse
en un manto tejido con oro viviente.

Intento volver la página y me encuentro con que todavía está cerrada, sin cortar. Este libro de la biblioteca de noventa años ha sido hojeado, pero en realidad nadie lo ha leído. Busco en internet «Cómo cortar las páginas de libros antiguos no leídos» y me entero de que los pliegos sin cortar se llaman «intonsos». *Pliego* también es una palabra que se queda pegada, puede ser «un grupo de hojas juntas, una dentro de otra, a la hora de encuadernar un libro», según el diccionario. La palabra da la sensación de un movimiento continuo dentro de ella: recoger telas, doblarlas, guardarlas, coserlas con aguja e hilo; recoger papeles, doblarlos y coserlos también con aguja e hilo. Encuentro un escalpelo en la caja de reparaciones de libros y lo deslizo lentamente a lo largo del pliegue, intentando que quede lo más pulcro posible. Las páginas se abren.

~

Antes sabía lo que significaba «primavera»; antes era capaz de decir dónde empezaba, dónde terminaba. Cuando las fronteras de la primavera comenzaron a cambiar, mis ojos empezaron a hacerme jugarretas, a mostrarme destellos de amarillo en lugares donde no debían estar, todavía no. Sigo viendo flores amarillas por toda la ciudad, en breves relámpagos. En el autobús que va de casa al trabajo, a toda velocidad por Camden, veo lo que podría ser un *kōwhai* floreciendo por encima del balcón de un piso, en un bloque de cemento…, un color dorado brillante que luego desaparece. Febrero no ha terminado todavía, pero el alto *kōwhai* de la calle ya está en flor, con dos ramilletes regordetes de flores en forma de campana que brillan en la punta. El resto de sus yemas, que la semana pasada estaban selladas como crisálidas, se están abriendo. Noto por primera vez que el carácter de «primavera», 春, uno de los primeros que aprendí, contiene un sol, 日. En otro hemisferio, el verano se acaba.

~

58

Los plátanos bordean el río Támesis a lo largo del paseo por el que camino durante mi hora de comer. En otoño me pidieron que escribiera acerca de un recuerdo para un proyecto sobre los árboles a lo largo de la orilla sur. Me asignaron un árbol: un plátano de Londres que sobresalía por encima del río. Pero, cuando fui a buscarlo, me resultó difícil ver el árbol que tenía justo delante de mí; por el contrario, veía las hileras de plátanos a lo largo de las calles de Shanghái, plantados por los colonizadores franceses a principios del siglo xx para que las calles se parecieran a las de París. En primavera, un polen plumoso flota por el aire húmedo. ¿Ocurría lo mismo cuando vi el *kōwhai* en Londres? Cuando lo busqué, ¿lo vi de verdad o, por el contrario, lo que veía eran los árboles *kōwhai* de mi niñez? Colocaron mi recuerdo junto al árbol, mecanografiado en una tarjeta plastificada. Mi recuerdo permaneció junto al árbol día y noche durante seis semanas. Una tarde, me senté en un banco junto al río, a la vista del plátano, mientras los turistas caminaban por la pasarela. Pasaron tres niñas, cada una de ellas con un globo rosa atado a la muñeca. Con una ráfaga de viento, uno de los globos se soltó, se elevó por encima de las ramas del árbol y por encima del muelle y se dirigió hacia la corriente del río. Las niñas se agarraron a la barandilla y miraron cómo se alejaba.

~

En febrero, han empezado a aparecer unos capullos rosados en los ciruelos y cerezos de todo Londres. Al hojear el número de marzo de *The Garden* mientras espero en el dentista, miro con los ojos muy abiertos una foto ampliada de unas flores de *kōwhai* que ocupan casi toda la página. El arbusto semiperenne de la *Sophora microphylla,* «rey del Sol», dice el columnista, es lo bastante resistente como para soportar los inviernos ingleses…, e incluso hay una variedad más pequeña, la *Sophora molloyi,* «oro de dragón», que puede cultivarse en una maceta. No menciona su nombre maorí, que para mí es su nombre auténtico. Por la noche busco en la base de datos de la Real Sociedad de Horticultura alguien cercano que comercie con «oro de dragón»: un vivero en Hampshire vende ejemplares jóvenes por dieciséis libras cada uno. Estoy nerviosa, como si acabara de decidir adoptar a una mascota en peligro. Me preocupa no estar bien preparada. Una vez compré un kumquat en una maceta y murió siete días más tarde. El año pasado, el viento tiró las dalias que tenía en el alféizar, cayeron desde dos pisos de altura, y las flores se desprendieron de los tallos.

~

Empiezo de nuevo con el frío del aire acondicionado del cine, donde lloré viendo *Frozen 2,* durante la escena en la cual los espíritus del bosque perdonan a la humanidad por todo el daño que han hecho al mundo natural. Empiezo de nuevo con el resplandeciente *kōwhai,* ya que el árbol es donde yo empiezo y termino. Tengo trozos del árbol en mis manos.

~

¿Cómo se cultiva un *kōwhai*? Primero, hay que sacar con mucho cuidado el arbolito de su caja. Maravillarse de su pequeñez. Quitar la fina red que envuelve sus ramas. Poner la cara muy cerca de las hojas: detectas entonces aromas de menta y de limón. Llevarlo entre los brazos al piso de arriba. Alimentarlo, mojar sus raíces para prepararlo para el trasplante. Teclear en Google: «Cómo evitar el estrés de las raíces». Leer páginas y páginas de consejos y seguir solamente uno: «Si dejas que las raíces ocupen todo el espacio, parece que florecen mejor al año siguiente». En el jardín de tu balcón, bajo la lluvia, echas compost en una maceta grande, con espacio para que las raíces entren bien. Empiezas el delicado trabajo del trasplante. Después, compruebas ansiosamente en busca de síntomas de conmoción. Colocas el árbol junto a tu puerta delantera, al lado del jazmín trepador, con luz del sol parcial. Lentamente, día a día, observas cómo sus ramas empiezan a engrosar y su tallo crece más seguro de sí mismo. Esperas señales de floración.

El lenguaje de las olas

Mareas

Cuando tuve la regla por primera vez, a los once años, acababa de empezar el séptimo curso en una escuela estadounidense en Shanghái. Lo que más miedo me daba era nadar. No por atraer a los tiburones en aguas poco profundas, como decían estúpidamente los chicos que podía pasarnos, como si pudieran asustarnos más de lo que ya nos asustaban nuestros propios cuerpos. Me imaginaba la sangre extendiéndose por la piscina, sin saber si venía de mí o no. No tenía ni idea todavía de lo que podía contener mi cuerpo; pensaba que lo mancharía todo de rojo al avanzar. En clase de inglés vimos *El diario de Ana Frank* en su versión fílmica en blanco y negro. En una escena hay una pequeña mancha de sangre oscura en el centro de las sábanas de Ana. Algunos chicos apartaron la vista.

El mar sube y baja según la atracción del Sol y de la Luna. Cuando la Tierra se alinea con una luna nueva o llena, las mareas diarias están en su momento más elevado. Las mareas afectan a la Tierra también. Las mareas corporales por debajo de la corteza terrestre las causan las mismas fuerzas gravitatorias. Junto a los límites de las placas tectónicas, esos movimientos pueden causar erupciones volcánicas.

Mene, luna; *mensis,* mes; *menarche,* el primer periodo. Gran parte del folclore y de los mitos que rodean a la menstruación se relacionan con los ciclos de la luna. En mandarín, una palabra para menstruación empieza con el carácter de *luna,* que también significa *mes:* 月经, *yuèjīng.* En las distintas culturas, la regla se ha asociado con poderes mágicos y sobrenaturales, así como con peligros y suciedad. Plinio el Viejo escribió: «Dicen que las granizadas, los torbellinos e incluso los rayos se echarán atrás si una mujer descubre su cuerpo mientras tiene el periodo».

Aguas profundas

En un pequeño pueblo de Italia, estoy en una heladería, dolorida e intentando permanecer erguida, cuando un hombre a quien no conozco demasiado bien hace una broma racista. No me habla directamente a mí, sino al grupo del cual formo parte. El dolor, que se ha vuelto frío y suave mientras me siento para degustar mi helado, aumenta, invisible. Siento una oleada en algún lugar dentro de mi cuerpo.

Lo miro a los ojos y luego tengo que apartar la vista hacia la pérgola blanca recubierta de vides de plástico y azaleas de un rosa chillón. Es difícil saber qué decir, en parte por esa ola y en parte porque están presentes los hijos pequeños de ese hombre.

Es más fácil para mí hablar del dolor usando la lengua de las olas. Las olas de agua profunda están compuestas de múltiples olas de diferentes longitudes, formadas en hondos cuerpos de agua donde no hay costas cercanas que proporcionen resistencia. La fuerza de la energía que las propulsa es el viento.

El dolor es del color del sorbete de frambuesa, que es el color del interior de la boca de una persona.

Aguas poco hondas

La primera vez que sentí ese dolor tenía dieciséis años. Estaba echada en la cama, incapaz de moverme excepto para enroscar y desenroscar mi cuerpo a intervalos regulares. No podía parar de sudar, y el sudor se me metía en los ojos. La pintura de color lila de las paredes de mi dormitorio parecía fundirse, caer del techo y evaporarse en débiles nubes de un color rosado.

No duró más de dos horas, pero, dentro de esa neblina de color lila, el tiempo era una cosa desconocida. El dolor se disolvió lentamente, como relámpagos que se fueran alejando cada vez más. Al final, solo se ve la parte superior de las nubes iluminada en la distancia, sin sonido alguno. ¿Adónde va el dolor cuando se acaba?

Parece contraintuitivo, pero las mareas y los tsunamis están categorizados científicamente como *olas de agua de poca altura*. Estos tipos de ola no necesitan demasiada profundidad para viajar.

Rompientes

Estoy llena de un líquido caliente y espeso que me hace de contrapeso en todo momento, excepto cuando nado. Floto de espaldas y noto una sensación ondeante bajo la piel, en la base de la columna. Dejo que el agua azul me sostenga. El agua se enfría y me acuna. El agua se filtra por todas partes.

Cuando las olas rompen, lo hacen de cuatro maneras distintas: por derrame, por zambullida, por surgimiento o por desplome. Durante tres o cuatro días cada mes, noto que mi cuerpo está compuesto solo de esos tipos de distintas olas rompientes. Hoy soy una combinación de surgimiento y desplome.

La cresta de una ola que se desploma no rompe por completo, sino que se disuelve en agua blanca.

Refracción

La curva de una bahía es difícil de distinguir cuando estás nadando a lo largo de ella, igual que la forma del dolor es difícil de describir cuando todavía estás dentro de él, incapaz de ver ni un atisbo de luz irrumpiendo a través de la superficie.

Algunas personas te piden un número, pero me resulta mucho más fácil representar el dolor con un color y con el verbo correspondiente. El verde esmeralda me mordisquea. El escarlata tira de mí. El rosa oscuro me empuja.

Las olas refractadas se mueven en forma curva cuando el agua cercana a la costa se vuelve más profunda de repente. Como ese nudo que notas en el estómago cuando das un paso más hacia fuera y hay un precipicio que no veías; la arena cede.

Capilaridad

Las olas capilares parecen simples ondulaciones. Las causan unos vientos suaves y lentos que soplan junto a la superficie. Si decimos la palabra «capilaridad» en voz alta, suena como si estuviera compuesta de espuma de mar y de las crestas blancas de las olas.

Cuando el dolor se aleja, cuando vuelvo a tener hambre, me preparo algo caliente y reconfortante: arroz al vapor, un huevo duro, unos fideos instantáneos. Rasgo el envoltorio semitransparente del condimento y vierto el contenido encima de los fideos espumeantes. Veo cómo burbujea las motitas de cebolleta seca, la sal y el caldo concentrado, que se expanden por la superficie. El vapor me aclara la garganta y la nariz. Me caliento las manos encima de la olla y recojo volutas de vapor con los dedos, hasta que desaparecen. Más tarde, me apoyo el cuenco tibio contra el estómago.

Interno

Cuando los movimientos de las mareas y los fuertes vientos hacen que las capas de agua salada se deshagan y se combinen, empiezan a formarse bajo la superficie las olas más grandes de la Tierra.

Empezamos a encontrar un idioma para este dolor cuando éramos adolescentes, cuando la vergüenza que sentíamos por nuestro periodo empezó a desvanecerse y a verse reemplazada por algo parecido a la furia. Entonces no lo sabíamos, pero estábamos equipándonos a nosotras mismas con un vocabulario de rabia. Las palabras que usábamos se relacionaban a menudo con el fuego o la violencia: «Tengo el útero ardiendo», «Los ovarios me están matando».

En mi escuela cristiana de niñas en Wellington, la sangre y el dolor no estaban presentes durante las lecciones de la enfermera del colegio en la clase de salud de séptimo. Nos dejaban con las preguntas ardientes escondidas en lo más profundo de nuestra mente, en cada clase de natación, en cada fiesta de la piscina: ¿qué hago si me viene la regla cuando estoy en la piscina?

Las menciones a la regla y al dolor menstrual están ausentes en gran parte de la literatura sobre natación y, en general, en los escritos sobre la naturaleza, a pesar del hecho de que, para muchas de nosotras, nadar y sangrar son dos hechos profundamente imbricados. Unas pocas escritoras han abordado con franqueza este asunto. En *Salvaje*, Cheryl Strayed describe muy bien cómo se introduce la esponja menstrual en el sendero de la Cresta del Pacífico. En la novela *Naturaleza es nombre de mujer*, de Abi Andrews, la protagonista, Erin, a menudo experimenta dolor por la regla mientras viaja por el Ártico. «Noto el útero como si estuviera lleno de ácido y forrado de alquitrán», dice. Más tarde, vacía el contenido de su copa menstrual en la capa de hielo.

Cuando las horas están salpicadas por un dolor que se desvanece y vuelve a reaparecer, noto el cuerpo estancado, pesado. Nadar a menudo es imposible; solo andar hasta el estanque ya es demasiado. Pero cuando lo consigo, flotar es una bendición. En *Sanatorium* ('Sanatorio'), un libro sobre el hecho de flotar en el agua, Abi Palmer escribe: «Flotar abre un mundo en el cual me muevo con relativa facilidad [...], donde veo, pienso y siento con una claridad que no experimento en tierra».

Seiches

Tengo suerte. Para el dolor, me han recetado comprimidos de ácido mefenámico por un precio de copago de 8,80 libras. Las pequeñas cápsulas son de un azul intenso por un lado, crema por el otro. Por lo que recuerdo, siempre han creído en mi dolor.

En el poema «The Institute for Secret Pain» ('El instituto del dolor secreto'), de Kirstie Millar, un coro de mujeres sin nombre empieza a encontrar palabras para su dolor colectivo: «El dolor es verde y profundo y brillante». Otro poema narrativo, «The Curse» ('La maldición'), es un relato de menarquía. El dolor menstrual de una chica empeora durante una clase de Educación Física, mientras está nadando: «Hubo gritos, y un silbato, y la luz del sol que me daba en la cara, a través de las ventanas que quedan por encima de la piscina, / y luego, nada en absoluto».

Nunca intenté escribir sobre el dolor hasta que leí los relatos de otras mujeres sobre el suyo. Antes de eso no tenía silueta ni forma. Nombrarlo es intentar encerrarlo; mantenerlo a distancia y examinarlo desde lejos.

Las olas seiche, o seiches, se forman en cuerpos de agua cerrados: lagos, estanques, piscinas, una bañera, una copa de agua. Cualquier incidente que ocurre en un extremo del cuerpo de agua (un vertido, un terremoto, un ave) crea presión y energía que se debe liberar por el otro lado.

Seiche, como un sorbo de leche caliente. En el baño, mis rodillas son pequeñas islas que se elevan desde el suelo del océano.

Pequeñas estrellas aplastadas

La primera canción que oí de la artista estadounidense Mitski fue «First Love / Late Spring» ('Primer amor / Primavera tardía'). Estaba sentada en mi escritorio, en la habitación de mi residencia de estudiantes, en Shanghái. Era el verano de 2016, a principios de junio, y yo estaba por la mitad de mi primer año de estudios de mandarín en la Universidad de Fudan. El cielo era de un azul pálido, contaminado. Mi aparato de aire acondicionado era tan potente que se formaba condensación en la parte exterior de la ventana. Lo apagué y apreté el *play*. Noté que el aire se volvía más pesado y quieto en mis brazos.

Noté una hinchazón en el pecho y en el estómago, como si algo estuviera a punto de estallar. Sentí cómo su voz se demoraba en cada palabra: «algo dulce / un melocotonero».

Fui pasando la lista de canciones del álbum y me intrigó la barra oblicua del título de la canción. Al escribir, yo empecé a usar ese símbolo a menudo, tanto en poemas como en prosa, para señalar algo esencial que todavía no comprendía del todo, como un intento de puntuarme a mí misma para existir en dos lugares a la vez. También lo uso como forma de denotar una línea de ruptura, cuando introduzco poesía o letras de canciones dentro de la prosa. Un respiro, una pausa, un cambio súbito.

/

En el cine, a oscuras, era mucho más consciente de la distancia entre su piel y la mía. Por el rabillo del ojo veía su rostro inundado de luz plateada.

Él era medio chino también, pero, a diferencia de mí, sabía hablar mandarín con fluidez. A diferencia de mí, hablaba demasiado cuando se ponía nervioso. A diferencia de mí, era un hombre y, como tal, estaba acostumbrado a ocupar el espacio…, el espacio físico, el espacio de la conversación.

A intervalos inesperados me ofrecía pequeños roces deliberados. Un contacto leve en la muñeca, un toque un poco demasiado largo en el hombro. La posibilidad de su contacto físico me mantenía alerta, con toda la columna en combustión lenta, como si fuera un cable de alta tensión.

Noté que hablaba con desdén de las chicas asiáticas con novios blancos. «Esas chicas no quieren ni acercarse a un chico asiático». Cuando al final empezó a ignorar mis mensajes de WeChat, consideré la posibilidad de no ser lo bastante china para él.

/

Una vez, en una papelería de Pekín, la mujer que estaba detrás del mostrador me tocó un momento el pelo y dijo, con voz entrecortada: «混血?», '¿Mestiza?'.

72

Yo estaba comprando un regalo para mi madre. «你是不是混血?», '¿Eres mestiza?'». Ella sonreía, con los ojos brillantes. Asentí. Me sentí complacida de que se me tuviera en cuenta de esa manera, que se me viera. Pero deseé que me hubiera preguntado antes de tocarme el pelo.

En China siempre he sido una extranjera, aunque la gente a veces reconoce que soy 混血, *hùnxuè,* 'mestiza'. En China, mi pelo es la parte más obviamente extranjera de mi aspecto. Es grueso, ondulado y tiene reflejos castaños achocolatados que adquieren tonos de un dorado oscuro en verano.

/

Lloré por él, pero de una forma bastante adolescente. En parte, no lloraba la pérdida de una persona real, sino la pérdida de una fantasía. Iba a dar largos paseos por el campus por la noche escuchando *Puberty 2* ('Pubertad 2') de Mitski. Me dediqué mucho más profundamente a mi unicidad. Unicidad, no soledad.

Cuando fui consciente de que Mitski era medio japonesa, escuché de nuevo «Your Best American Girl» ('La mejor chica americana') y me pareció que la escuchaba adecuadamente por primera vez. En la canción, Mitski, o quizá una versión onírica de Mitski, le canta a su novio estadounidense, su amor condenado: «Tu madre no aprobaría cómo me educó mi madre, / pero yo sí, creo que sí». Su voz empieza fuerte y entera, luego se va silenciando, titubeante pero intacta. Al final de la canción se repite el mismo verso, pero con un final distinto: «Pero yo sí, finalmente, sí».

Mucha gente no se da cuenta de mi ajenidad al principio, hasta que se la revelo. Mientras que la gente de color a menudo sabe desde el primer momento que soy mestiza, los blancos parecen menos capaces de detectar en mí alguna diferencia racial.

/

«你的妈妈肯定很漂亮», 'Tu madre debe de ser muy guapa'.

En la tienda de Pekín sonreí y no dije nada. Pensé para mis adentros: «Sí, lo es». Mi madre tiene el pelo negro hasta el hombro, que siempre se ha rizado con una permanente suave. Nunca se lo he visto liso.

Fuera del escaparate de la tienda, la nieve unida a las partículas tóxicas cae de unas nubes pálidas.

/

Durante mis dieciocho meses en Shanghái, a menudo iba a ver películas yo sola. Podía comprar entradas de cine directamente en WeChat por la mitad del precio que valían en casa. Fui a ver la última de *X-Men,* aunque no había visto una sola película de *X-Men* en toda mi vida. Lo único que recuerdo es que el cuerpo de Olivia Munn ocupaba toda la pantalla, con su pelo largo y grueso como el mío, pero con mechas violeta. Es una mutante que puede disparar rayos mortales de luz morada con las palmas de las manos y que lleva una espada samurái.

La madre de Munn es china vietnamita y su padre es un estadounidense blanco. Ella hablaba tanto vietnamita como chino hasta que cumplió cinco años, pero se apartó de ambas lenguas en su adolescencia.

Después de la película me fui a casa en bicicleta en medio de la oscuridad, por el camino que atraviesa el campus. Había hojas de *ginkgo* caídas por todas partes y unas polillas gigantescas volaban ante las farolas de la calle. Montar en bici por la calle vacía por la noche me provocaba la sensación más cercana que encontraba a la de nadar. Con el viento azotándome el pelo y una ligera lluvia que empezaba a salpicarme la piel, me sentí como si estuviera llena de luz morada que se expandiera hacia fuera desde el centro de mi cuerpo.

/

Respondiendo a una pregunta en una entrevista sobre el término *half-caste* ('mestizo'), la poeta Tayi Tibble dijo: «Cuando pienso en esa palabra, me viene a la cabeza la imagen de que me parten por la mitad una y otra vez, hasta quedar reducida a un simple brillo, como la purpurina». Sus palabras me recordaban a la canción que había encumbrado a Mitski como letrista, así como cantante, en la cual dice: «Mi cuerpo está hecho de pequeñas estrellas aplastadas / y yo no hago nada».

A algunos les gusta hablar en términos de fracciones: un cuarto, un octavo, un dieciseisavo. Yo noto que las piezas que me componen se vuelven cada vez más pequeñas. ¿Cómo conseguir juntarlas todas?

En su ensayo *Mixed-Race Superman* ('Superman mestizo'), Will Harris escribe que, «con demasiadas herencias, o demasiado pocas, demasiado blanca o no lo suficientemente blanca, la persona mestiza se va formando como algo extraño y cambiante [...], moldeado en torno a una carencia». A veces me pregunto si yo intenté a propósito olvidarme de hablar chino. En plena adolescencia, fingí que no tenía segundo nombre, solo un espacio en blanco, donde en tiempos estuvo la palabra.

/

La artista Talia Smith, que es de ascendencia isleña del Pacífico y europea de Nueva Zelanda, documentó su experiencia de volver a las islas Cook en una serie de fotos, vídeos y textos como poemas titulados *El corazón es el músculo más fuerte del cuerpo*. Una imagen es un atardecer rosa pastel, con nubes azules visibles en débiles reflejos en la superficie de un cuerpo de agua. El mar es un plano metálico de color puro. En el horizonte se ve una forma que parece parte de una isla distante, pero no está claro. Es el tipo de mar que sé que he visto en un sueño, completamente quieto y cubierto por una neblina plateada. En el espacio de un azul profundo entre el mar y el cielo hay una pequeña rasgadura en el papel fotográfico que divide el paisaje casi por la mitad. Junto a la imagen, Smith escribe:

Me pregunto si he sacado el pelo rizado
de mis antepasados,
cuyos huesos están enterrados en esta isla.

[...]
¿Son los linajes de sangre son tan profundos y largos?

La obra de Smith es nostálgica y fílmica, como si miraras una serie de fotos de recuerdos de niñez desvaídos por el sol, con los subtítulos corriendo por debajo. Existe una sensación de pérdida subyacente, y también de ternura. Rehacer los recuerdos es un acto de cuidado, de conectar con el pasado.

Quiero hacer un mapa del jardín de mis abuelos en Kota Kinabalu. No sé cuándo volveré a verlo. No sé cuánto tiempo más existirá. En mi última visita, hace casi un año, antes de que muriera Po Po, había sábanas y trapos de cocina colgando de los hilos de tender: rosa caramelo y azul a cuadros, inmóviles en el calor. A través de ellos, y a través de los huecos entre ellos veía unas vides que se agarraban a la verja de metal del vecino. Un lagarto verde, dos libélulas, un avispón y, en la distancia, una garceta blanca de pie, perfectamente inmóvil.

De pie junto a la puerta de atrás, recuerdo haber señalado una pila desmenuzada de raíces de árbol. «¿Ahí es donde estaba el mango?», le pregunté a Gong Gong, que habla conmigo en inglés. «Sí, ya no está. Mira, la garceta». Ambos la miramos, sonriendo. Gong Gong siempre señala las aves y las criaturas que ve, estemos donde estemos.

Una garceta blanca. Dos altos cocoteros, gruesas vides, un flamboyán amarillo. Quiero echarme en el lugar donde estaba el mango, donde mi madre y su hermano pequeño tomaban los frutos pequeños y duros y chupaban su carne agria.

/

Cuando vi actuar a Mitski en Londres, en 2018, un par de chicas adolescentes estaban a mi lado, entre la multitud. Era como si Mitski estuviese actuando solamente para ellas, en exclusiva. Y en ese momento, en su realidad, eso hacía. Yo las miraba mientras ellas chillaban, lloraban y bailaban agarradas la una a la otra, y podría decir que para ellas solas era el sonido de los acordes de la guitarra, la voz de la cantante, sus propias voces, las luces rosas y doradas, sus cuerpos, sus brazos. Una de las chicas sacaba su teléfono al principio de cada canción, no para tomar fotos, sino para anotarla en la lista. Yo miraba a Mitski y la veía reinventar el *punk* y el *indie rock* y el amor y la pérdida para aquellas chicas, justo delante de sus ojos.

Esperaba también algo sagrado, pero para mí fue diferente. Tuve una sensación de intimidad con la música de Mitski (a veces noto que existe en estrecha proximidad a mi propio trabajo), pero no podía asegurar conocerla ni comprenderla como persona. Admiro muchísimo a Mitski, pero no es mi ídolo. Quizá porque estamos muy cerca en edad, o tal vez porque he leído lo realista que es en lo que se refiere a su carrera, al hecho de hacerla sostenible, sobrevivir a largo plazo como artista, y yo intento hacer lo mismo.

/

La banda de Mitski comparte escenario con ella todo el rato excepto para dos canciones, pero casi no me doy cuenta de que están ahí. Los movimientos de Mitski parecen ocupar todo el escenario; su rostro es serio y sereno, como si estuviese en su propio mundo y se moviera dentro de su propio halo de luz azul.

Cuando empieza a tocar «Your Best American Girl», ocurre una reacción primero en algún lugar de mi cuerpo, en la base de la columna vertebral, luego en el estómago, luego en mis manos y muñecas, que empiezan a temblar. Intento no llorar; desearía no notar tan tensa la garganta.

Pienso en mi propia escritura y en que, a veces, escribir un poema significa hacer existir algo fuera de mi cerebro, de mi propia piel. El poema contiene parte de mí y yo todavía contengo partes de él, pero ya es algo separado de mí, distinto, nuevo.

/

«¿Soy coreana ya, acaso, si no queda nadie en mi vida a quien poder llamar y preguntarle qué marca de algas comprábamos?», se pregunta la artista y escritora coreano-estadounidense Michelle Zauner en su obra «Llorar en H Mart», sobre la muerte de su madre y su amor por los supermercados coreanos. Desde que lo leí por primera vez, llevo fragmentos de ese texto en mi interior. Como Zauner, no hablo con fluidez el idioma del lado materno de mi familia. Durante mi infancia, nuestra lengua era también la de la comida. El amor de mi madre es práctico, físico. «¿Estás bien abrigada?», «¿Has dormido bien?». Somos torpes al intentar poner en palabras nuestro amor, pero sabemos cómo representarlo: doblamos los bordes de los milhojas de *curry* para meterlos en el horno,

79

desenrollamos los envoltorios morados de las ciruelas secas saladas, pelamos una fruta.

Cuando murió Po Po, el vuelo a Malasia para su funeral era demasiado caro y no pude ir. Quería saber cómo había sido, pero no sabía cómo plantear la pregunta a mi madre. Nuestras conversaciones normalmente no se aventuran demasiado cerca del dolor, sino que preferimos barrer a un lado las pérdidas grandes y pequeñas. Cuando hablé con ella por videoconferencia, intenté imaginarme a mí misma preguntando. Imaginé la pregunta disparada por la atmósfera hasta el lugar donde está ahora, en una ciudad distinta, en un continente distinto. Vi cómo las palabras se asentaban en el aire en torno a ella y caían a velocidad lenta, formando capas de polvo centelleante.

/

En Londres, notaba que el mandarín se deslizaba cada vez más y más lejos de mí, día tras día, y me dejaba solo residuos y trocitos. En momentos inesperados, las palabras aparecían en mi lengua, dispuestas a derramarse fuera de la boca: 中秋节, 'festival de mediados de otoño'; 经济发展, 'desarrollo económico'; 华侨, 'china nacida en el extranjero'. Otras veces intentaba practicar mis caracteres, pero no recordaba cómo darles forma.

Me apunté a una clase nocturna de mandarín, la primera que recibía desde hacía casi un año. La mañana anterior a la clase, practiqué escribiendo mi nombre para estar preparada cuando el profesor me pidiera que lo escribiera. Si no practicaba, siempre había un par de rasgos dentro del segundo carácter que se me olvidaban. 明雅. Divido el mundo por la mitad, y luego cada carácter de nuevo por la mitad: 'brillante', 明 / 'elegante', 雅. Un sol, 日, junto a una luna, 月, un diente, 牙, junto a un pájaro, 隹.

La poeta nativo americana Layli Long Soldier escribe sobre la carga y el regalo de empezar a enseñar la lengua lakota a su hija pequeña:

> ¿Qué sabía yo de ser una lakota?
> […] ¿Qué sabía yo de nuestra lengua, salvo algunos fragmentos?
> Le enseñaría a ella a ser esos fragmentos.

/

Aprendí a escribir mi nombre haciéndolo por separado, parte por parte. Sol, luna, diente, pájaro. ¿Qué es un nombre? Con el sonido de tu nombre te detienes, levantas la vista, corres, respondes. Tu cuerpo sabe moverse hacia el sonido de tu nombre antes incluso de que tu cerebro lo haya registrado por completo. En Shanghái, desde al menos las ocho de la mañana hasta las dos de la tarde la mayoría de los días, yo no era Nina, sino Míngyă, 明雅. Antes de eso, mi segundo nombre era solo eso, un segundo nombre, una palabra que apenas había oído ni pronunciado en voz alta para mí misma. Ahora, mis profesores lo usaban todo el tiempo para llamarme en clase, para saludarme por los pasillos. Empecé a volver la cabeza hacia él. En su sonido ya no oía solo partes.

En la clase nocturna, en un edificio de oficinas en Londres, nadie me preguntó cuál era mi nombre chino.

/

La madre de la poeta Sarah Howe es de Hong Kong y su padre es blanco. *Loop of jade* ('Lazo de jade') va siguiendo sus viajes desde y hacia Hong Kong, donde ella nació. En «Cruzando desde Cantón», escribe:

> Algo nos impulsa a buscar un lugar.
> Durante muchos minutos cada día, nos perdemos
> a nosotros mismos, a cambio de algún otro sitio.

Cuando leí ese poema por primera vez estaba a punto de dejar un hogar en busca de otro. Si pudiera, le preguntaría a Mitski dónde está el hogar, aunque para mí es una pregunta con un número de respuestas imposible, y puede que para ella también sea el caso. Pienso en el jardín de mis padres junto al mar, donde el *kōwhai* crece junto al limonero, y me llena las manos de amarillo. Pienso en una ventana de Shanghái llena de luz rosada.

/

Pruebas físicas de que existe otro hogar: un par de botas verdes con cordones, un pañuelo rojo, un llavero. Son objetos dibujados por la artista Jem Yoshioka en su cómic *Visits* ('Visitas'), donde relata el primer viaje que hizo a Japón, cuando era adolescente. En Japón «se siente más en casa y menos en casa que nunca», una sensación muy familiar que me recuerda la de viajar todo el tiempo entre Nueva Zelanda, China y Malasia a lo largo de mi vida y sentirme a la vez más en casa y menos en casa. De vuelta en Nueva Zelanda, Yoshioka siente «una sensación profunda de nostalgia por un lugar que nunca ha sido mi hogar».

La portada de *Visits* es una línea que dibuja la cara y la parte superior del cuerpo de la artista. Su silueta está rellena de capas y capas de papel de origami estampado de color azul celeste, verde hoja, rosa y dorado. Los dibujos me recuerdan un trozo de tela japonesa que vi en el interior de una vitrina de cristal en el Museo de Victoria y Alberto de Londres, una seda azul marino sobrevolada por una bandada de garcetas en pleno vuelo bordadas en oro, unas alas superpuestas a otras.

¿Qué sé yo más que fragmentos, todos a la vez? En la canción «Una colina ardiente», la voz de Mitski es expansiva, devoradora:

Soy un fuego en el bosque,
soy el fuego y soy el bosque
y soy el testigo que lo mira.

Mitad sol, mitad luna. Mitad bosque, mitad fuego. Una linterna azul, un corazón de jade, un cuenco de melamina de color rosa melocotón. El espacio sombreado que hay en mí reverbera; noto su ardor y su brillo. Es un bosque de *kōwhai* en un verano del hemisferio sur. Son linajes de sangre, son hilos, son trozos de algodón que se cuelgan a secar bajo un cocotero, sábanas blancas, rosas y azules.

Falling City

1. El edificio de apartamentos donde vivió la escritora Eileen Chang en Shanghái está en Changde Lu, número 195, en la esquina con Nanjing Xi Lu. Lo encontré un día a principios de la primavera, un mes después de haber llegado a la ciudad para aprender mandarín. Estaba obsesionada con trazar mis pasos a través del distrito donde había vivido cuando era pequeña y tomar nota de lo que era distinto y de lo que no había cambiado. Buscaba los lugares exactos donde había estado diez años antes. Dejé que unas oleadas brillantes de nostalgia me inundaran. Las vi venir desde la distancia.

2. Supe que necesitaba dejar de hacer eso enseguida, de lo contrario, algo se rompería.

3. Su nombre chino: 张爱玲, Zhang Àilíng, que le puso su madre por su nombre inglés. Àiling es una transliteración directa de «Eileen». Los dos caracteres 爱玲 significan 'amor' y 'jade tintineante'. Tengo dos piezas de jade que me regaló mi madre. Pertenecían a mi bisabuela, la madrastra de mi Gong Gong, que nació en Shanghái. Un colgante tiene forma de corazón; el otro, de lágrima. Cuando me los pongo juntos emiten un sonido tintineante.

4. Chang vivía en un edificio *art déco* de siete plantas con unos balcones curvados de cemento y los marcos de las ventanas de un color escarlata oscuro. Las palabras «常德公园» ('Apartamentos Changde') brillaban encima de la entrada, iluminadas con un color dorado fluorescente por la noche. Debí de pasar cien veces por delante sin darme cuenta, hasta que un día pasé lo bastante cerca como para ver una placa de cobre que había junto a la puerta.

5. La última vez que te vi era invierno. Estábamos de pie en la esquina de Nanjing Xi Lu y yo veía con toda claridad los enormes centros comerciales de lujo a ambos lados de la calle. Las cosas eran distintas: el cruce tenía semáforos, habían derruido la cafetería americana, las caléndulas amarillas y naranjas resplandecían en medio de la calle. Otras cosas eran iguales: el hotel donde mis padres y yo solíamos ir a comer dim sum, los plátanos envueltos en estrellas moradas que se iluminaban al caer la noche. Me quedé de pie junto a su resplandor, esperando que los coches se detuvieran.

6. Muy a menudo, ella describe la luna en sus historias de Shanghái: pocas páginas después de empezar una novela corta titulada «The Golden Cangue» ('El cangue dorado'), la luna es «un cuenco de oro rojo», «llena como un sol blanco», «esa luna anormal que hace que se te ponga todo el vello de punta».

7. Tiene razón. Aquí la luna es anormal. No recuerdo qué aspecto tiene en el aire claro, sin contaminar. Mientras volvía a pie a mi habitación, por la noche, levanté la vista y el color de la luna me dejó pasmada. Intenté tomar una foto con mi móvil, pero no salió bien: un borrón pálido. Todo estaba neblinoso, como un mundo de ensueño sumergido y visto a través de una vidriera de color rosa. Tenía la sensación de que todo a mi alrededor podía derrumbarse al menor contacto. Luz, sonido, el aire que nos separaba a ti y a mí.

8. A menudo, recogía observaciones en mi cuaderno sobre la flora y la fauna de Shanghái, en la vigilia y en los sueños: blancas magnolias *yùlàn* (designada oficialmente la flor de la ciudad) con sus oscuras hojas correosas, los plátanos plantados por los franceses, los árboles *ginkgo,* que se tornaban amarillos en otoño, las flores de los ciruelos, y las azaleas, enormes nubes de color magenta y rosa pálido en patios y jardines de la ciudad.

9. Las mujeres en sus historias no siempre son agradables. Son egoístas, aburridas, crueles, mezquinas, atrapadas en apartamentos asfixiantes y en matrimonios infelices. Shanghái puede someter fácilmente a sus habitantes a unas incesantes lluvias primaverales a una humedad estival que sofoca y agota. Una noche de junio, se fue la electricidad a las tres de la mañana y se apagó mi aire acondicionado. Salí de la cama y me eché en el suelo de baldosas, con el pelo húmedo extendido en un abanico por encima de mi cabeza, los dedos bien separados, sin tocar ninguna parte de la cuerpo. Cada pocos minutos me cambiaba a una parte más fresca del suelo, una que mi piel no hubiese tocado todavía. Me iba durmiendo y despertando. Una palabra coloquial para húmedo es 悶, *mèn,* que también puede significar 'aburrido', 'deprimido' o 'sellado con fuerza'. El carácter está formado por un corazón, 心, dentro de una puerta, 门.

10. Pienso en las mujeres de la ciudad de Chang, en su pelo rizado encrespado por el calor, un halo de luz en torno a sus cabezas. Se sientan junto a la ventana en oscuros dormitorios y habitaciones de hotel, despiertas, cuando todos los demás están dormidos, con un *cheongsam* de seda y unas pantuflas de algodón con peonías bordadas encima de los dedos. Una ciudad de ventanas tenuemenete iluminadas y de puertas entreabiertas. Una ciudad de humo que se mueve por el aire quieto. Una ciudad llena de corazones atrapados.

11. La expresión 'Nueva Mujer', 新女性, fue acuñada en la década de 1910 por intelectuales radicales que veían el estatus inferior de las mujeres chinas como un símbolo de las tradiciones caducas de la nación. La Nueva Mujer de sus sueños era educada, independiente, de espíritu libre. Puede que la misma Chan cayera dentro de esa categoría, pero muchas de las mujeres sobre las que escribe, no. En su novela corta *Amor en una ciudad caída,* la protagonista, Liusu, le dice a su marido: «Si te mataran, mi historia habría terminado. Pero, si me mataran a mí, ¡a ti todavía te quedaría mucha historia!».

12. Una fotografía borrosa representa un cortejo fúnebre que se desplaza por una ancha calle de la ciudad. Sostienen el retrato de una mujer joven, con el rostro rodeado por enormes crisantemos, bien alto por encima de la multitud. No distingo ninguna expresión, excepto la de la mujer del retrato: tiene la cabeza inclinada hacia delante, la mirada caída, los labios pintados, las luces de estudio se reflejan en su pelo brillante, recogido hacia atrás. Lleva un vestido blanco con el cuello alto. La gente está de pie y mira hacia la calle desde los tejados mientras agita los brazos en el aire.

13. Ruan Lingyu fue una actriz que murió de una sobredosis de somníferos el 8 de marzo de 1935, a los veinticuatro años. Sucedió un mes después del estreno de la película muda *Nuevas mujeres,* dirigida por Cai Chusheng, en la cual Ruan era la estrella y representaba a una madre soltera que sueña con ser escritora, pero que al final se ve obligada a dedicarse a la prostitución para mantener a su hijo. Una multitud de trescientas mil personas recorrió las calles de Shanghái para su funeral. El pie de foto de su página de la Wikipedia dice: «Se dice en la prensa que las flores en el funeral de Ruan fueron tan altas como los edificios».

14. Cuando camino sola por la ciudad, por la noche, me veo rodeada por ese resplandor, pero no estoy segura de que sea real. Podría alargar la mano y tocarte, pero no estoy segura de que seas real.

15. ¿Cómo era la propia Chang? No lo sé, pero creo que comprendió ese momento en que el sueño y lo real empiezan a confundirse. Comprendió que el cielo de Shanghái contiene muchos colores distintos a la vez. «En el horizonte, los colores de la mañana eran una capa de verde, una capa de amarillo y una capa de rojo, como una sandía abierta». Leer sus historias traducidas es como intentar ver algo desde una gran distancia. O a través de un grueso cristal. Estoy de pie fuera, atisbando las habitaciones donde estuvo su fantasma.

16. A medida que el otoño transcurría, esperaba ver tu cara en la calle, o en la estación del metro. Cuando te fuiste, pensé que me entristecería que esa posibilidad ya no existiera. Por el contrario, al cabo de un tiempo, las siluetas de los árboles me parecieron más nítidas, como si se hubiera disipado la niebla.

17. La poeta de Aotearoa Robin Hyde tenía veintisiete años cuando visitó Shanghái en 1938. Escribió que había probado «el que debe de ser el mejor pastel de chocolate del mundo» en un café de la Concesión francesa. Imagino que los caminos de Robin Hyde y Eileen Chang pudieron cruzarse, sin saberlo ellas, en algún momento de 1938. Mientras miraban libros en la misma librería, fumando en el mismo rincón del mismo salón de baile, atravesando la misma calle en algún lugar del Asentamiento Internacional donde vivía Chang. Sus ojos se encontrarían por un momento.

18. En todas las ciudades, grandes o pequeñas, cada persona tiene su propio mapa secreto. Al leer sobre la historia de Shanghái en internet, doy con un vínculo: *Mapa de lugares embrujados de Shanghái.* Las pequeñas estrellas rojas marcan las ubicaciones que se hallan dentro de la antigua Concesión francesa y a su alrededor. El salón de baile Paramount, donde una joven fue asesinada a tiros en plena pista de baile, en 1941. Chang frecuentaba el Paramount; en los años treinta, era el centro de la vida nocturna de Shanghái. El edificio todavía sigue en pie. La gente dice que ha visto la sombra de una mujer en el salón de baile del cuarto piso, bailando en lentos círculos, sola.

19. Lugares que me enseñaste tú: el diminuto bar de ramen, el mugriento club clandestino con luz ultravioleta, el restaurante de guisos Chongqing, donde esperé fuera bajo la lluvia mientras entrabas a devolver algo que tu exnovia se había dejado en tu apartamento. Después, no pude evitar volver a pasar por aquellos lugares, pero, cuando pasaba junto a ellos, aceleraba el paso. Especialmente por la noche, cuando existía el riesgo de que los sueños entraran a raudales.

20. En Shanghái, Robin Hyde soñaba con volver casa: «Casi cada noche, echada encima del edredón acolchado, soñaba con Nueva Zelanda, unos sueños tan precisos y vívidos que, cuando despertaba, me parecía que las casas con baldosas negras eran un cuento de hadas». De vuelta en Wellington durante unas pocas semanas en verano, esas primeras noches en la habitación de mi infancia, soñaba con plátanos, calles empapadas por la lluvia y un cielo nocturno que nunca estaba oscuro.

21. En el prólogo a su colección de historias cortas, *Romances,* Chang escribía: «Nuestra civilización entera, con toda su magnificencia y su insignificancia, algún día pertenecerá al pasado. Si la palabra que uso más a menudo es "desolada" es porque siento, en lo más profundo de mi ser, esa amenaza abrumadora».

22. Era pleno invierno, y tú y yo estábamos de pie en la esquina de Nanjing Xi Lu. Desde allí, veía el lugar donde ella vivió cuando tenía la misma edad que yo en aquel momento. Me alejé cuando ya no pude soportar estar cerca de ti, pues sabía que, si me tocabas de nuevo, yo ardería, aun con el frío que hacía. Nunca te dije nada importante sobre mí misma, pero, si me lo hubieras preguntado, si te hubieses parado a escuchar, te habría dicho: "Mis sueños tienen lugar en la estación de las lluvias". Mientras me alejaba hacia el cruce, donde las caléndulas resplandecen en mitad de la calle, en mis oídos resonaba el caos del tráfico que pasaba, un avión por encima, todo ello mezclado con el sonido de una ola que rompe.

23. Nunca podré enseñar a nadie mi mapa de Shanghái, no porque sea un secreto, sino porque es enorme y extenso. El parque donde siempre hay un anciano tocando un saxofón en la pagoda, la instalación de neón rosa junto a un edificio abandonado que encontré una vez en algún lugar cerca de Huaihuai Zhong Lu, y que nunca más volví a ver, la librería y cafetería donde solía escribir… y donde por diez yuanes se puede enviar una postal a tu yo futuro. Las ponen en una caja y te las envían en la fecha que prefieras, cosa que puede suceder al cabo de meses, años o décadas a partir de hoy.

24. «Busco el primer día de primavera en el calendario lunar», dice un personaje llamado Shijun en la novela de Chang *Half a Lifelong Romance* ('El romance de media vida') mientras está a solas en una habitación con la mujer de la cual está empezando a enamorarse. Shijun hojea el calendario de la pared, uno de esos antiguos almanaques de papel como el que había en la pared del restaurante de *dumplings* donde iba a menudo a almorzar. Las páginas arrugadas de una semana entera yacían arrugadas en el suelo, cada una de ellas impresa con tinta verde jade. Tomé una, la doblé y me la metí en el bolsillo.

25. Una postal que puede comprarse en cualquier tienda de recuerdos: una foto en blanco y negro de una mujer joven con el pelo brillante sujeto hacia atrás formando un tupé estilo años cuarenta. Es una estrella de cine, una *pin-up* como las de los paquetes de cigarrillos o los anuncios de medias, perfumes y revistas, la chica a la que llamaban «Nueva Mujer». Ella me mira directamente a los ojos, casi con una sonrisa en los labios. Di la vuelta a la postal para buscar su nombre, pero no lo ponía. Me senté en una de las mesas del café y empecé a escribir. Era el primer día de la primavera.

Las lluvias de ciruelas

CHIHIRO

En la película de animación de 2001 *El viaje de Chihiro,* la niña del título, que tiene diez años, da con un puente curvo por encima de un río seco. En lo alto, empiezan a formarse unas nubes oscuras que se extienden por el cielo azul y amenazan lluvia. A medida que el día se convierte en noche, el mundo real se transforma en un reino de fantasía extraño y luminoso. Asustada, Chihiro intenta volver corriendo por donde ha venido, pero encuentra un enorme cuerpo de agua que le bloquea el paso. «Estoy soñando, estoy soñando», se repite a sí misma. Su cuerpo empieza a perder su forma sólida; poco a poco, se está volviendo transparente. Mitad fantasma, mitad niña. El río es visible a través de su piel.

A partir de ese momento, *El viaje de Chihiro* es una película que va llenándose de agua sistemáticamente: un río inundado, un balneario empapado, un tren que corre a través del mar. El agua se convierte en frontera entre el mundo real y el de los espíritus. Y, como ocurre a menudo en las películas de Hayao Miyazaki, la lluvia marca un momento de transformación. La primera noche que trabaja en la casa de baños de los espíritus, Chihiro casi forma parte plenamente de ese mundo fantasmagórica. Sus ropas han cambiado, ya no son una camiseta y unos pantalones cortos, sino una túnica más tradicional de color coral atada por la cintura con una tira de tela roja. Vemos su silueta a través de una puerta de papel corredera mientras las linternas rojas se encienden una a una bajo la lluvia torrencial. Las hortensias azules brillan, húmedas, en el resplandor de la habitación de Chihiro. Abre la puerta corredera hacia la lluvia y se encuentra cara a cara con un espíritu.

Méi Yǔ

梅雨, *méi yǔ,* 'lluvia de ciruelas'. A finales de la primavera o principios del verano, en el este de China es la temporada de la lluvia de ciruelas, que marca tradicionalmente el periodo en el cual las ciruelas maduran y se vuelven amarillas. Las lluvias de ciruelas las causa un frente atmosférico en la troposfera más baja del cielo, donde se combinan dos cuerpos de aire de distintas densidades sobre Asia oriental: el aire cargado de humedad por encima del océano Pacífico y el aire más frío que se forma sobre las masas de tierra continentales. Esto provoca una alta humedad y unas lluvias pesadas y persistentes en China oriental, Japón y Taiwán cada año entre abril y julio. En 2020, Shanghái experimentó la temporada de lluvia de ciruelas más larga que se recuerda. La frase «梅雨» es el título de un poema de Du Fu, el poeta de la dinastía Tang. Existen muchas traducciones del poema, pero yo he decidido buscar el original y he intentado hacer mi propia e imperfecta versión del segundo y tercer versos: «El cuarto mes maduran las ciruelas amarillas, / el claro río fluye».

Durante muchas noches seguidas, en Shanghái, la lluvia volvió la ciudad luminiscente. Yo estaba experimentando algo (no amor, sino hambre) y la ansiedad se escapaba de mi control. Me hice cargo de mi relación con la comida y el comer de una forma que no había hecho nunca antes. Una de las frases favoritas de mi profesora de mandarín, que usaba para probar nuestra gramática, era: «Haz dos comidas al día si quieres ser hermosa». Una frase perfecta para que la memorizásemos, uniformemente equilibrada en dos cláusulas: una imperativa, otra condicional. El peso de esa frase, y la ligera cadencia con la cual la repetíamos al unísono en clase, resonaba en mi cabeza. Separaba las palabras una por una.

Adquirí la costumbre de hacer una lista mental de todas las cosas que había comido en un día. Me llevaba una libreta cuando iba a comer sola, y escribía, por el contrario, los colores del cielo: naranja sanguina, violeta oscuro, rosa helado de fresa, magenta caliente.

La primera vez que fui a su apartamento, llovió toda la noche. Yo estaba echada de lado, con su columna vertebral curvada delante de mí en la oscuridad, mientras él se movía. Brevemente vislumbré entre sus omoplatos la silueta de un círculo de tinta, o quizá dos pequeños círculos superpuestos. Quería recorrer con el dedo la línea de un azul oscuro. Entonces, él se dio la vuelta y todo desapareció. Entre las sombras, las siluetas de nuestros cuerpos eran difusas. Al día siguiente, recordé los círculos de repente, mientras iba en el metro de camino a casa (línea diez: la línea de color lila, con asientos de un color lila muy vivo en todos los vagones), sujetando el paraguas húmedo entre las rodillas, desde donde goteaba encima de las sandalias y en el suelo del tren. La visión volvió de la misma manera que un sueño olvidado puede regresar horas más tarde, días más tarde, con un breve relámpago de color.

Lugares en la ciudad donde la realidad parece alterada: andenes de metro vacíos, las calles del campus inundadas de luz por la noche, el café con húmedas enredaderas de plástico enrolladas en torno al dintel, donde estuvimos nosotros, uno junto al otro, a punto de salir hacia la lluvia.

SAN

Se vislumbra a San primero a través de unas espesas nubes de niebla y lluvia, cabalgando a lomos de un lobo blanco, corriendo ladera abajo por la montaña. A los pies de la montaña, en las orillas de un río inundado, los caminos del príncipe Ashitaka y San se cruzan por primera vez. Uno de los fotogramas más icónicos de la película es cuando sus ojos se encuentran a través del río; San tiene las mejillas cubiertas con la sangre de su lobo herido. En el mismo momento aparece un fantasmal espíritu de árbol.

Todas las películas de Miyazaki tienen sus propios y vívidos paisajes. La mayoría muestran una gran preocupación por la destrucción ambiental de algún tipo. *La princesa Mononoke* (1997) tiene su propio ecosistema, hecho a

base de árboles de un verde esmeralda, ríos, valles montañosos, duendecillos del bosque, animales embrujados y un
lago reluciente incrustado entre los árboles. El bosque lo
cortan y lo despejan los humanos, y entonces los espíritus
empiezan a rebelarse.

La escritora Nina Li Coomes se centra en las heroínas de Miyazaki como cuerpos en un flujo constante, que
cruzan entre mundos y entre las fronteras de la niñez y la
edad adulta. Coomes analiza esos personajes a través de
la lente de su propia herencia racial mestiza. Yo me encuentro haciendo lo mismo. San, una niña humana educada por los lobos, vive con los espíritus en el bosque e
intenta protegerlos. No es una loba, pero tampoco se ve a
sí misma como totalmente humana... Coomes pregunta:
«¿Es San una loba? ¿Es una niña? ¿No es ninguna de las
dos cosas, o las dos, o algo entre medio?». Hay muchos
cambios de forma, muchas puertas, puentes y portales
que conducen a las heroínas de Miyazaki a nuevas dimensiones. Las fronteras de lo real y de lo irreal son borrosas,
como los personajes que las cruzan. Pienso en los brazos
y las manos de Chihiro al convertirse en algo fantasmal
mientras está junto al río, y en esa primera imagen de
San y sus lobos emergiendo de la niebla y la lluvia como
apariciones.

Poco después de abandonar Shanghái, tras terminar mi
curso de lengua, tuve un sueño vívido: un templo blanco
situado en la ladera de un valle, rodeado por un bosque verde y frondoso y unos campos, y un río estrecho que sigue
su curso por debajo. El cielo es de un azul intenso, pero
oscurecido por las nubes. Una manada de lobos blancos

custodia el templo. Levantan la mirada hacia el cielo. Una suave lluvia les humedece el rostro.

MONZÓN

Estaba sentada en el salón con mamá y Gong Gong. El reloj de madera de la biblioteca dio las cuatro y media y el cielo en la ventana se oscureció, como si algo pasara por delante del sol. Gong Gong se puso en pie para encender las luces y apagó el ventilador de techo susurrante, que arrojaba aire cálido hacia mi piel. Ponían un programa de cocina en televisión, en el que una mujer enseñaba a sus espectadores cómo preparar unos pasteles verdes pegajosos aromatizados con hojas de pandan. Su luz brillaba en la reciente oscuridad. Entonces un viento fresco entró a través de las puertas abiertas del patio y señaló el principio del chaparrón: la lluvia empezó a golpear el techo y a sacudir el tejado y las paredes de la antigua casa. Gong Gong no apartó los ojos del televisor, pero mamá y yo fuimos hacia la puerta abierta. Sabíamos que teníamos unos minutos antes de que terminase. Torrentes de agua plateados se vertieron en el jardín trasero, empaparon las hierbas largas y cortas y sacudieron el árbol del mango. Estaba de pie ante la puerta, donde las gotas de lluvia me daban en las mejillas y en los brazos, donde la lluvia parecía un velo que me separaba del jardín. Respiré aquel aire húmedo. Luego, la atmósfera se volvió más luminosa y todo calló excepto, el televisor del fondo, y las moscas golpearon las ventanas, y el agua de lluvia siguió goteando desde los aleros.

Cada tarde ocurre lo mismo durante la estación lluviosa de Borneo, entre octubre y febrero. Más o menos a las cuatro el agua cae fuerte y rápida. Es una precipitación muy distinta de las lluvias de ciruelas lentas e insistentes de Shanghái: estos monzones son súbitos, eufóricos, irreales.

Como el clima de Borneo es tropical, las temperaturas siguen entre los 27 y los 34 °C la mayoría de los días, con pocos cambios estacionales aparte de las lluvias. Un informe de 2012 sobre el impacto del cambio climático en Borneo observaba que, en base a las proyecciones de un aumento de dos grados en las temperaturas globales, Borneo se verá gravemente afectado por el cambio climático, con un incremento del riesgo de inundaciones, fuegos forestales y la elevación del nivel del mar. Ese incremento de dos grados es una estimación muy baja; en diciembre de 2019, Climate Action Tracker clasificó las proyecciones de aumento de temperaturas de hasta 2,8° como «optimistas». Un calentamiento de 4,1-4,8° a finales de 2100 se considera ahora nuestra trayectoria «básica».

Solo es posible considerar la lluvia como algo romántico si, como yo, no te has criado en una región propensa a las inundaciones. He visitado Kota Kinabalu durante años y, a menudo, he chapoteado en esa lluvia, pero nunca he experimentado una inundación. A lo largo de mayo y junio de 2020, una crecida repentina en Kota Kinabalu obligó a evacuar a mil personas y a acogerlas en centros. En su artículo «Everything Anyone Has Ever Said About the Pool» ('Todo lo que ha dicho todo el mundo sobre las piscinas'), la escritora australiana Ellena Savage afirma que en las regiones inundadas es más probable que mueran ahogadas las mujeres y chicas de bajos ingresos que los hombres y los chicos. «Enseñar a nadar no es algo neutral», nos recuerda.

Estuve de visita en Kota Kinabalu durante las vacaciones de mitad de curso. Mis padres se reunieron conmigo allí, y también mis tíos, tías y primos. La vida en Shanghái en aquella época me parecía demasiado intensa, irreal: una ciudad fluorescente, hecha de añoranza, hambre, una lluvia aturdidora y continua. De vuelta al gozoso caos de mi familia ampliada, cenábamos juntos cada noche. Siempre había una combinación de platos favoritos como el dim sum cantonés y comida malaya en la mesa: *satay, char kway teow* picante, pescado frito, tartaletas de huevo, *siu mai* y baos. Todos nos apiñábamos alrededor en taburetes y sillas, las espirales antimosquitos desprendían un aroma químico debajo de la mesa, y yo poco a poco recuperaba parte de mi antigua relación con la comida, la comida como fuerza que conecta, como fuente de fortaleza y de felicidad.

MEI Y SATSUKI

Al principio de la escena más memorable de *Mi vecino Totoro* (1988), una sola gota de lluvia causa unas ondas en una corriente y marca el inicio de una tormenta. A medida que el atardecer se oscurece, Satsuki y su hermana Mei se refugian bajo un santuario, junto a un arbusto de hortensias azules. Más tarde, con la lluvia todavía cayendo, esperan a su padre en la parada del autobús. Al resplandor de una farola de la calle, el enorme espíritu del bosque Totoro se encuentra con Mei y Satsuki por primera vez.

Las gotas de lluvia caen ruidosamente desde el dosel de helechos y resuenan en el paraguas de Totoro, que salta con deleite al oír el sonido. Las chicas miran al espíritu boquiabiertas. Unos crisantemos amarillos y unos iris brillan en la oscuridad. Las flores me hacen pensar en *El viaje de Chihiro,* cómo corre ella a través de los campos de azaleas de un rosa oscuro y de las hortensias moradas, mientras las hojas le rozan los hombros. Como los padres en *El viaje de Chihiro,* el padre y la madre de Satsuki y Mei se hallan ausentes la mayor parte de la película. Los santuarios del bosque ofrecen breves atisbos del reino de los espíritus; un mundo que parece tanto antiguo como extrañamente cercano, oculto a plena vista, sobre todo en cuanto cae la noche. Los espíritus amistosos se encuentran justo detrás de un velo de lluvia, al otro lado de un arroyo o en las copas de los árboles. «Era un sueño, pero ¡no era un sueño!», salmodia Satsuki una y otra vez, una y otra vez, por la mañana.

DIÀNMŬ

Esta libreta es de tamaño A5 con un dibujo irregular blanco y negro en la portada, parecida a esas libretas clásicas estadounidenses de ejercicios de los ochenta y los noventa. Es fina y sin tapa dura, con imágenes y fotos pegadas con cinta adhesiva a la cubierta: dibujos de constelaciones, un papel de origami con dibujos vistosos. Las páginas son de color crema y rayadas, con las palabras *BOSHI PAPER* en la esquina de cada página.

Todavía tengo cuatro libretas del año y medio que pasé estudiando en Shanghái. Parece que la primera, que era más pequeña y tenía una cubierta de un amarillo pálido, se perdió en algún punto entre Shanghái, Wellington y Londres. La libreta blanca y negra, la que está más cerca de deshacerse en pedazos, abarca desde septiembre a diciembre de 2016. Dentro he sujetado con cinta adhesiva tarjetas de embarque, una hoja de *gingko* seca, una entrada de cine, polaroids Instax sobreexpuestas y la entrada para un festival de música en Shanghái llamado «Cemento y Hierba». Hubo una tormenta la primera noche de ese festival, que coincidió con la misma noche del Festival de la Luna de Otoño, 中秋节. En mi libreta, al día siguiente, escribí notas sobre los relámpagos: habíamos estado escuchando a una banda de chicos de *k-pop* interpretar su último sencillo en mandarín cuando las nubes moradas se abrieron y surgió una luz azul, y todos los focos del escenario parpadearon en rosa y oro. La multitud, compuesta sobre todo de chicas adolescentes, daba un respingo y chillaba cada vez que se veía un relámpago. Cuando empezó a llover, el ruido no dejaba oír a la banda y nos disolvimos, riendo y agarrándonos los unos a los otros en la tormenta.

La diosa del relámpago es Diànmǔ, la *madre relámpago*. Cuando nació era una niña humana. La suya es una de las pocas historias que recuerdo haber aprendido en la escuela china cuando era pequeña, aunque los detalles se han desvanecido. Todavía recuerdo una imagen suya de un libro de cuentos: es alta y ligera, lleva un vestido fluido color azul y un espejo reluciente en cada mano. Un día, el dios del trueno, Léi Gōng, espía a una joven que está arrojando un cuenco de arroz en una zanja. Piensa que está desperdiciando una comida valiosa y, por lo tanto, la golpea y la mata. El Emperador de Jade, el primer dios, presencia el error de Léi Gōng (la chica solo tiraba las cáscaras del arroz, los restos del arroz fresco que le había dado a su madre). El Emperador de Jade le devuelve la vida y la convierte en una diosa... para que sea la esposa del dios del trueno que la había matado, de modo que ilumine el cielo antes del trueno.

PONYO

Ponyo fue estrenada por el Studio Ghibli en 2008 y se catalogó como una película para niños, pero, al estilo típico de Miyazaki, está repleta de momentos inquietantes y extraños. Inspirada en el folclore japonés y, al mismo tiempo, en la historia de *La pequeña sirenita,* de Hans Christian Andersen, Ponyo es mitad pez dorado, mitad niña. En forma de pez, Ponyo se hace amiga de un niño pequeño llamado Sosuke que vive en una ciudad junto al mar y que la tiene en un cubo de plástico lleno de agua de mar. En su intento por convertirse finalmente en humana, Ponyo libera tanta magia volátil que desencadena un tsunami y un tifón sobre la ciudad. Lo que empieza como un chaparrón se convierte en inundaciones catastróficas. Olas enormes y curvadas adoptan la forma de un pez gigante al romper contra las carreteras y los acantilados. Ponyo corre por encima de las olas con su vestido rojo en busca de su amigo Sosuke.

Pero el personaje más interesante para mí en *Ponyo* es Lisa, la madre de Sosuke. No es una figura materna sin más;

hay una historia compleja de fondo a la que se alude en su relación con Koichi, el padre de Sosuke, que está fuera, en el mar..., y en su vida laboral como cuidadora. La única figura materna fiable y afectuosa del canon de Miyazaki, donde los padres normalmente ni siquiera existen, es dura pero amable; cascarrabias, pero alegre. Su bonita casita en la colina con vistas al mar es un lugar lleno de calidez, pero también de añoranza, como cuando llama Koichi para decir que no irá a casa.

Después de correr con su cochecito diminuto colina arriba, azotada por el viento y las olas desencadenadas por la magia de Ponyo, Lisa toma a Sosuke y a Ponyo entre los brazos y se los lleva a los dos a casa. Una vez están dentro, a salvo, enciende las linternas eléctricas de emergencia, pone unas cucharadas de miel en unas tazas con agua caliente y prepara la tetera para hacer dos cuencos de ramen instantáneo. En la oscuridad, abre la cortina y mira hacia fuera por las ventanas, hacia el mar enfurecido, sin miedo.

Todos soñamos con piscinas

«Pienso en amar la natación como amas a alguien.
Como ocurre un beso, gravitatorio».

Leanne Shapton, *Estudios de natación*

5, cataratas del Niágara, Ontario
La orca se desliza desde un extremo de la honda piscina hasta
el otro. En los altavoces suena una música optimista. Una mujer con cola de caballo, que lleva un traje de neopreno de cuerpo entero, está de pie en una plataforma con un cubo blanco
colocado a sus pies. La música sube de volumen; la multitud
se inclina hacia delante en sus asientos. Yo imagino lo que sería estar en esa piscina también, nadar con ligereza junto a las
ballenas, bajo las luces del estadio, perfectamente cómoda en
el agua de color turquesa. Mi madre levanta su cámara.

6, Nueva York
Mitad sueño, mitad recuerdo. El fondo y los cuatro lados
de la pequeña piscina están cubiertos de pequeñas baldosas

de un blanco argénteo. De pie en la parte menos profunda, toco los bordes con los pies. Llevo las gafas de natación de plástico moradas, con unas lentes doradas iridiscentes... Cuando me las pongo, todo es como una puesta de sol bajo el agua. Después de nadar, me como unos bocaditos de pollo en forma de dinosaurio y unas patatas fritas servidas en una bandeja de pícnic azul.

7, club de golf Sabah, Kota Kinabalu

Después de nadar, nos secamos en la sombra junto a la piscina y nos comemos los helados. Nuestro favorito es el Häagen-Dazs de chocolate recubierto con una capa de chocolate con leche. Las avispas revolotean en torno a mi pelo, atraídas por el azúcar, y papá las aparta de un manotazo. Desde aquí veo nubes oscuras que pasan rápidamente por encima, procedentes de la selva tropical hacia la ciudad, y noto que el calor de la tarde se vuelve más espeso y dulce. Mamá me indica con señas que me coloque más cerca de ella, bajo la sombrilla de la piscina, para prepararnos para el chaparrón.

8, Thorndon, Wellington

Nailon rosa, baldosas de un blanco hielo. Una piscina escolar sin climatización es una lección de cómo respirar. Las hojas de los robles y las bellotas abiertas crean remolinos en la superficie del agua mientras nos agarramos frenéticamente las unas a las otras. Uñas rotas, rodillas raspadas. «¡Uno, dos! ¡Respirad, patada!». La señora Ongley agita los puños en el aire. A Anna le sangra la nariz y la lección de natación termina de repente.

Las chicas respingan y miran con desdén el pequeño rastro de gotas de sangre que ha quedado en el cemento.

9, Lower Hutt, Wellington

Un recuerdo borroso: una piscina interior con altos techos y un tobogán acuático rosa que baja en espiral hacia el lado hondo. Cada media hora, unas olas mecánicas mueven suavemente el agua de un extremo al otro y hacen que nuestras caderas se balanceen.

10, Thorndon, Wellington

Sueño de nuevo con una piscina climatizada llena de capas profundas de recuerdos. Nos acurrucamos junto a la escalera con nuestros gorros reglamentarios de natación blancos y los bañadores azul marino, con polvos de talco en las clavículas y los brazos cruzados con fuerza sobre el pecho. A mi traje se le está soltando el tirante izquierdo por el hombro, aunque mi madre lo ha cosido ya dos veces. Me lo sujeto, cohibida, preocupada de que salten los últimos hilos. El nailon azul marino es demasiado pequeño para mí y se me clava en las caderas. No puedo soportar que mi cuerpo esté fuera del agua, expuesto al viento y a las miradas de las otras chicas.

14, distrito de Xuhui, Shanghái

Mi primer bikini, a los catorce años: la parte superior negra y atada al cuello, con topos blancos, azules y rosas y el logo de

Roxy bordado en los pantaloncitos a juego. Me llevo el iPod, una botella de agua, una toalla y un paquete de Oreos a la piscina junto al aparcamiento. Durante el verano, el agua fría y clorada es una bendición. Floto de espaldas bajo el tejadillo de plástico corrugado que se derrumbó el invierno pasado por el peso de una nieve súbita. El socorrista juega con su teléfono móvil mientras doy lentas brazadas, sola. El calor no puede tocarme: una chica nadando es un cuerpo de agua.

16, Jinqiao, Shanghái

Hace demasiado calor como para estar fuera sin que alguna parte de tu cuerpo toque el agua. La piscina del complejo donde vive mi amiga Jessie tiene forma de corazón, baldosas azul oscuro en el fondo y los bordes de color blanco crema. Nos sentamos a un lado de la piscina, con los dedos de los pies tocando el agua, y nos comemos unos miniburritos envueltos en papel de aluminio que nos ha preparado la madre de Jessie, aunque hemos dicho que no teníamos hambre. Yo muerdo la cañita de un envase de zumo. El sol blanco está detrás de las nubes, pero, aun así, las tumbonas de plástico se notan calientes al tacto. Cuando los chicos del curso superior al nuestro aparecen en el otro extremo de la piscina, rápidamente envolvemos de nuevo los burritos, nos metemos por el lado más hondo y nos alejamos.

19, Thorndon, Wellington

Después de mi último examen, tomo el autobús que baja la colina. La piscina de Thorndon resplandece, atrayente, bajo la luz del sol, con el color químico de un polo azul. Con mi gorro de nadar de color morado y mis gafas rosas, nado lentos largos bajo el sol vespertino durante treinta y cinco minutos. Al vestirme noto el pelo largo algo áspero y un poco decolorado por el cloro. Cae formando ondas sobre mis hombros quemados por el sol. Mi madre me dice que me lo corte, pero no voy a hacerlo. Me siento en los escalones de cemento que quedan por encima de la piscina a comerme mi *bagel*, en el mismo punto exacto donde una vez estuve de pie con un grupo de niñas también de doce años, temblando al viento, intentando en vano cubrir nuestros cuerpos expuestos, que nos parecían tan extraños y nuevos.

22, Karori, Wellington

En el interior del centro acuático hace calor y humedad, no hay viento. Me subo el traje de baño que mi madre me compró en las rebajas de unos grandes almacenes en nuestro último viaje familiar a Malasia. Es negro, con un dibujo deportivo de rayas lilas por los lados. Meto mi grueso pelo en el gorro de natación morado, me cuelgo las gafas al cuello y recorro de puntillas el suelo amarillo del vestuario. No me gusta nada hacer ejercicio, pero he empezado a nadar regularmente de nuevo en diversas piscinas públicas de la ciudad: la piscina de verano de Thorndon, el lugar de muchos deportes acuáticos escolares de los días de mi niñez; la piscina Freyberg, asomada a la orilla del mar, y esta, la piscina Karori, arriba, en las colinas cubiertas de matorrales. Cuando levanto la cabeza por encima del agua, oigo el sonido ahogado del viento golpeando el tejado.

Durante mi infancia, siempre tuve acceso a lecciones de natación y piscinas públicas, unos privilegios que, cuando eres niña, fácilmente se dan por descontados. La piscina pública está gobernada por unas estructuras rígidas de género, clase, blancura, diversas formas del cuerpo. Como escribe Ellena Savage, «en la historia de las normas de las piscinas ha habido, y sigue habiendo, reglas de no admisión, de discriminación activa. No dejar entrar a los pueblos aborígenes. No dejar entrar a las mujeres. No dejar entrar a las personas trans. No dejar entrar a personas que no puedan permitirse pagar». Tras las puertas del centro acuático, con sus rígidas normas que se parecen tanto a las normas de la clase de educación física del instituto, que tanta ansiedad provocan, noto la urgencia de cubrirme bajo la mirada de las nadadoras altas y atléticas con unos gorros de natación de competición. Sin embargo, paso inadvertida aquí, en este espacio abrumadoramente blanco, con mi piel clara, mi pelo castaño y la capacidad de pagar el precio de la entrada. Nado a braza con demasiada potencia para el carril lento, pero demasiado lenta para el carril medio. Fuera del vestidor, en la piscina (un cuerpo de agua público), soy una versión mucho más fuerte de mí misma. La luz del sol se vierte a través de los muros de cristal en torno a la piscina y se refleja en mi piel clorada.

25, Distrito de los Picos, Derbyshire
Una piscina en el bosque rodeada por suaves helechos y dedaleras que se inclinan con el viento. Una balsa azul

reluce entre los pinos a ambos lados de la pequeña piscina. El agua está fresca, suave, del color del té de jazmín, y sumerjo la piel en una luz parpadeante roja y anaranjada. Este lugar mágico se llama *Piedras resbaladizas,* y, sí, es verdad, las rocas están resbaladizas por el musgo oscuro. Mi novio y yo somos las personas de mayor edad aquí: grupos de adolescentes fuman y escuchan a Frank Ocean en la hierba mientras observan con cansancio a todos los recién llegados que colocan sus toallas, como lánguidos guardianes de la piscina. Me estremezco cuando los adolescentes se tiran como bólidos uno por uno en el agua oscura y se dirigen hacia el centro de la piscina, a la parte más profunda, donde no se puede tocar el fondo. Ninguno de ellos falla. Este lugar parece salvaje por un lado y muy seguro por otro, con lentas cascadas en los extremos opuestos de la piscina, donde el agua ambarina fluye hacia el exterior en una corriente continua, que, a su vez, se convierte en el río Derwent.

26, Lucca, Italia

Hay avispas en la hierba en torno al camino que conduce a la piscina. Un estanque de jardín está cubierto con una red para evitar que se caigan en él los niños pequeños. Los nenúfares empiezan a florecer en la superficie, de un color rosa maquillaje sobre el fondo verde. Me he puesto el bikini amarillo debajo del vestido de algodón a cuadros pequeños y con tejido cloqué. Llevo dos melocotones maduros en el bolso. Me he comido otro para desayunar también, junto con un huevo duro y una tostada. En agosto, los melocotones aquí son de lo más dulce, con una carne como de caléndula, teñida de rojo cerca del hueso de la fruta. El jugo rezuma cuando como uno después de nadar, se seca en mi muslo y lo deja pegajoso.

Peladuras

«Pelar fruta para alguien es una
señal de ternura, de amor».

Jane Wong, «Offerings» ('Ofrendas')

Imagino las manos de mi madre con más claridad cuando
están curvadas en torno a una pieza de fruta. Normalmente
una mandarina, de la variedad de piel gruesa, con cintas
de peladura de color naranja enroscadas alrededor de sus
dedos. A veces un lichi. Rompe la cáscara con los dientes.
Otras veces es una minibanana, del tamaño de un bocado,
de esas que tienen un aroma espeso, melifluo. Con un solo
movimiento, pela la banana y se la mete en la boca entera.
Yo sigo su ejemplo.

Mamá recoge nuestras peladuras y las mete en el conte-
nedor azul de compost, al fondo de nuestro jardín, junto al
mar, en Wellington. A lo largo del año extiende el compost
podrido, mezclado con tierra, por las raíces de plantas y
árboles: bajo el limonero, el árbol feijoa y el torcido manzano trepador que produce tres o cuatro frutos bulbosos

y amargos cada otoño. Yo recojo las manzanas en cuanto sus mejillas empiezan a enrojecer y las lavo en el fregadero. Mamá les quita el corazón y las pela mientras yo desenrollo la masa. Rebozamos los pálidos gajos en una mezcla de canela y azúcar moreno.

Mi mejor amiga del colegio odiaba los hilos blancos que quedaban en sus pequeños gajos de mandarina. Las mandarinas de mediados del invierno siempre son las más fáciles de pelar; la piel tierna ya está suelta en torno al fruto. Desarrollé una gran habilidad para quitar los zarcillos blancos, con dibujos delicados, como si fueran terminaciones nerviosas, dejando una superficie suave y sin rupturas. Le pasaba a ella los gajitos en forma de judía y nos los metíamos en la boca la una a la otra. Los sujetábamos con la lengua y disfrutábamos el momento anterior al estallido de las vesículas.

~

En Shanghái, observaba al hombre de la frutería que me pelaba el pomelo gigante. En mitad del largo descanso estival, cuando el campus se vaciaba y yo me quedaba casi sola por completo, me daba por contemplar las manos de los desconocidos. No había tocado a otro ser humano desde hacía meses.

El pomelo 柚子, *yòuzi,* se cultiva mucho en China. Nunca lo había visto, antes de trasladarme a Shanghái. El carácter 柚, formado con *árbol,* 木, y *razón/origen,* 由, transmite la sensación de algo redondo y pesado que cuelga de las ramas de un árbol. A diferencia de la mayoría de las mandarinas y las clementinas, el pomelo chino amarillo no es un híbrido, sino una especie original por derecho propio: un pariente de muchos otros híbridos de cítrico. (El pomelo rosa es un cruce entre una naranja y un pomelo amarillo). A menudo se dejan como ofrenda cítricos, sobre todo mandarinas y pomelos, en las tumbas de los antepasados durante el festival Qīng Míng del Barrido de Tumbas. La gente quema palitos de incienso y come unos bocaditos especiales confitados como los *qīngtuán,* bolas verdes de harina de arroz glutinoso rellenas de pasta de judías dulce. Durante el Año Nuevo Lunar, cuando son más abundantes, las mandarinas son símbolos de buena suerte.

Cortar un pomelo chino es un proceso tierno y violento. El hombre de la frutería sujeta firmemente la fruta con las dos manos contra el tablero de madera. Toma un cuchillo grande y lo apoya en la piel correosa y amarilla del pomelo, en un ángulo vertical. Lo empuja y el fruto cede con un suave quejido. El tejido blanco y esponjoso es más espeso de lo que yo pensaba, casi de dos centímetros. El hombre empuja hacia abajo el cuchillo y realiza un corte largo desde la parte superior de la esfera hasta la base. Hace lo mismo por el otro lado. Deja el cuchillo, agarra los bordes de la herida y tira.

Oigo el familiar sonido de succión de la piel de la fruta arrancada de la membrana. Ese sonido me da sed.

Las cáscaras caen al suelo. Meten mi pomelo, de un rosa como el de una joya, en una bolsa y me lo entregan por seis yuanes. Hay peladuras vacías repartidas por todo el suelo de baldosas de la frutería, como ofrendas. Me llevo mi pomelo desnudo a casa, bajo el brazo, un paquete fragante y pegajoso. Un aroma azucarado y agrio me sigue adonde quiera que voy. Mi profesor de mandarín me dice que su madre usa las gruesas cortezas para la limpieza doméstica. Las pone debajo de las camas y las deja ahí para que absorban el polvo.

Mi primer verano como estudiante en Shanghái fue un verano de peladuras. Casi todos los demás habían abandonado el campus y yo tenía dos meses por delante antes de que volvieran mis escasos amigos. Tenía veintidós años. Siempre había querido volver a Shanghái, una ciudad profundamente incrustada en mi memoria, una ciudad que aprendí a amar en una época en que estaba convirtiéndome en mí misma. Siempre le había prometido a mi madre (y a mí misma) que en algún momento me dedicaría seriamente a aprender (o, mejor, a reaprender) el mandarín. Impaciente por retrasar el momento de forjarme una carrera con mis nuevos maestros de escritura creativa todo el tiempo posible, solicité una beca del Gobierno para estudiar mandarín en una universidad de China…, y me la dieron.

Oleadas de morriña me invadieron durante todo el verano. Las citas con desconocidos no hicieron más que empeorar las cosas. Tuve que acostumbrarme a aquella nueva forma de ser, a aquella nueva soledad. Nadar, mi forma habitual de reivindicarme, no era una opción: las únicas piscinas estaban en el interior de los hoteles caros y la piscina de la universidad había cerrado durante el verano. El lánguido calor y la enorme humedad hacían que el tiempo se volviera lento y que moverse por la ciudad pareciera como nadar. Me dispuse a reducir mi vida diaria a las cosas que sabía que podían mantenerme a flote, sustituyendo el contacto humano diario: me compré una tarjeta nueva de prepago para internet, me apunté a una clase de poesía *online,* me descargué ilegalmente las siete temporadas de *Las chicas Gilmore* y me dediqué a atravesar el campus en bicicleta cada noche en busca de un cuenco de fideos o de *wonton* y fruta fresca. En la frutería, que abría hasta tarde, la mesa que tenía enfrente estaba llena de cajas de plástico con cubos de un rosa caramelo. Con una caja de papaya cortada y un pomelo metido en la cesta delantera, iba en bicicleta de vuelta a través de la oscuridad violeta, con el viento cálido y ahumado en el pelo.

Había empezado a catalogar las diversas tonalidades rosa del cielo de Shanghái con mi teléfono. Los días en que mi aplicación de VPN me permitía, publicaba fotos cuadradas de nubes magenta en Instagram y Facebook y contemplaba los diminutos corazones rojos de los «me gusta» de otra gente aparecer en diferentes zonas horarias, allí donde vivían mis amigos: sobre todo Aotearoa, pero también Europa, Canadá y Estados Unidos. No hablé con nadie cara a cara durante casi dos meses, mientras mi teléfono zumbaba y se iluminaba con mensajes de lugares muy lejanos.

Hacia el final del verano, respondí a una oferta de trabajo que apareció en WeChat de una madre de Shanghái que buscaba a una profesora de inglés para su hija. Tomé dos metros y atravesé toda la ciudad para reunirme con ella en un McDonald's, donde me pagó un helado medio derretido con sabor a frambuesa y admiró mi tatuaje. Su hija era tímida, aunque le gustó hablar conmigo en un inglés cauteloso de sus mangas favoritos. Acepté el trabajo, y en la mesa de su cocina, cada semana, su gato Scottish Fold se sentaba con los ojos muy abiertos en la mesa entre las dos, ronroneando. Me quedaba a cenar, y tanto la madre como la hija me enseñaron a usar los dedos, las articulaciones, los dientes y la lengua para pelar y comer diminutos cangrejos de agua dulce de Shanghái, 小龙虾, *xiǎo lóngxiā*, 'pequeñas gambas dragón'. Sujetar, pelar y chupar la diminuta carne de cada cáscara color escarlata era un proceso muy laborioso e intensivo.

El verano, largo y dolorosamente cálido, se desvaneció con la promesa de un viaje a la pintoresca ciudad meridional de Guilin con tres de mis compañeras de clase: Katrin, de Fráncfort, y Adi y Frances, también de Aotearoa. En el viaje nocturno en tren, que duró dieciséis horas, y que era mucho más barato que el tren bala, las otras jugaban a cartas mientras yo miraba la carta de tentempiés, que estaba repleta de salchichas secas envasadas al vacío, huevos en conserva, fruta fresca e inacabables cuencos de poliestireno con fideos instantáneos. Los dos caracteres de Guilin, 桂林, juntos significan 'dulce bosque de Osmanthus'. A principios del otoño, la región hace honor a su nombre: todas las carreteras están repletas de delicadas flores blancas y amarillas. Las espectaculares colinas kársticas de Guilin y el río Li, que se curva entre ellas, están representados en la cara trasera del billete chino de veinte yuanes. Yo ya había estado en Guilin casi una década antes, en una excursión escolar, cuando cursaba octavo. Recuerdo haberme sentado con dos de mis mejores amigas al borde de un puente de piedra curvado, con los pies colgando por encima, contemplando las libélulas y bebiendo batidos de mango. Por la noche, las calles del mercado estaban llenas de luces de colores. Las colinas de piedra caliza se alejaban en la oscuridad y, luego, reaparecían al amanecer, como gigantes que custodiaban la ciudad, con su silueta recortada ante el ocaso azul.

Las otras querían subir a una de las montañas de piedra caliza más pequeñas, Lao Zhai Shan. Yo accedí de mala gana, pues sabía que iría arrastrándome detrás de ellas. Al cabo de media hora subiendo por el camino serpenteante, me dolía todo el cuerpo. Centré mis sentidos en lo que me rodeaba para seguir colocando un pie detrás de otro. La sombra del bosque de bambú nos mantenía frescas, apartadas del fuerte sol, y a través de los huecos de los árboles se veían tumbas y montículos funerarios incrustados en las laderas, una imagen muy similar a la de los cementerios en las laderas de la montaña en Kota Kinabalu. Yo veía que las tumbas de cemento en tiempos habían estado pintadas de colores pastel, un rosa melocotón y un azul celeste, ahora ya desvaídos. Habían quedado allí como ofrendas cuencos de naranjas y cadenas de crisantemos de plástico blancos y amarillos. Me relajé en el suave silencio puntuado por nuestra respiración fuerte y el roce de las hojas, una particular mezcla de sonidos que no había oído desde que había estado en casa, mientras caminaba por el sendero entre los arbustos para subir la colina que domina el mar.

Al cabo de una hora, el dosel de hojas empezó a aclararse. El sol me calentó la cara. El último tramo de la subida era demasiado empinado como para que hubiera un sendero propiamente dicho. Por el contrario, habían incrustado una serie de escalones de acero y cuerda en un lado de la roca. Cerré los ojos y seguí a mis amigas, sin mirar abajo, solo al frente, a la pálida y arañada piedra caliza.

En la cima, sin aliento, me volví a ver el panorama. El río Li en miniatura, una cinta azul luminiscente que se curvaba entre unas laderas recortadas de caliza que parecían llegar hasta el infinito. Entre las montañas, en los valles más pequeños habían construido arrozales en terrazas. Un zumbido de insectos, junto con nuestras risas jadeantes, llenaba el aire. Entre nosotras revoloteaban mariposas de alas amarillas y azules, y también avispas gigantes. Corté un melocotón en cuatro trozos para las cuatro y Katrin sacó una bolsa de plástico llena de mandarinas, compradas a un vendedor callejero a los pies de Lao Zhai Shan. Las pelamos y nos dimos un festín bajo la pequeña pagoda de madera, y dejamos que el jugo corriera por nuestras muñecas.

~

En casa usamos la misma palabra para referirnos a la piel, la corteza y la peladura: 皮, *pí*, cinco rasgos. Es una palabra a la que me he acostumbrado tanto que es la que busco siempre en determinados contextos. 'Piel del *dumpling*' y 'envoltorio del *dumpling*' no se ajustan del todo, mientras que *pí* es exactamente lo que quiero decir: algo a mitad de camino entre la textura de la piel y lo práctico de los envoltorios. A veces, solo quiero comerme la piel. Cuando era pequeña, era tan maniática que no quería comerme el relleno de los *har gow*: hacía un agujero con mis palillos en el *dumpling* brillante al vapor, extraía la bola rosa de gambas, la dejaba en el fondo de mi cuenco de arroz y, luego, masticaba el sedoso *har gow pí*.

Leo un artículo en *The Straits Times* sobre once tipos distintos de mandarinas y me doy cuenta de que las he comido toda mi vida sin conocer sus nombres, que son como notas musicales: *ponkan, lukan, kinno, mikan, mandelo, dekopon.*

Más tarde, después de trasladarme a Londres, mi madre aceptó un nuevo trabajo en Pekín. Mis padres cerraron nuestra casa junto al mar y se fueron en agosto. Para ellos, el final del invierno de Wellington se convirtió en un otoño en Pekín. Noté una nueva y aguda sensación de pérdida, un final definitivo para una parte de mi vida a la que todavía me aferraba. Veía el jardín, el manzano triste, el *kōwhai* y el aloe rojo gigante que protege la casa de la sal y el viento marino. El dormitorio que pinté de morado cuando tenía dieciséis años, la cocina donde almacenábamos las naranjas al fresco en un cuenco junto a la ventana.

Visité Pekín en pleno invierno. Mientras desayunaba con mis padres en su apartamento, nos quedamos en silencio, allí sentados, mientras mi madre pelaba una mandarina gigante encima de una servilleta de papel y me pasaba los gajos. Las vesículas eran tan grandes que notaba cómo me estallaban una a una en la lengua. Este es un tipo de mandarina que nunca había visto en Aotearoa. Cultivada en Corea y Japón, se conoce como *hallabong* en coreano y *dekopon* en japonés. Tiene dos nombres en mandarín: 不知火, que literalmente se traduce como 'desconocedora del fuego' y 丑橘, 'naranja fea', por su extraña forma. Es del tamaño de una manzana grande y tiene un bultito feo en la corona. Después de cosecharse los frutos, a mediados del invierno, las naranjas feas se dejan un mes reposando para que el azúcar que contienen aumente, de modo que resulten dulces como la miel y ligeramente ácidas, como una limonada de frambuesa.

Estudio cada uno de los caracteres para intentar desentrañarlos. Los nombres dan vueltas en mi cabeza, como rimas infantiles. 不知火, fruto orgulloso y brillante, 丑橘, fruto feo del crudo invierno. Las mejores naranjas se dan los inviernos más fríos.

El nombre «不知火» deriva de otra palabra japonesa para la fruta, *shiranui*, que también es el nombre de una 'luz fantasma' atmosférica en el folclore japonés que se ve en determinadas épocas del año junto a la isla de Kyushu. Se dice que Shiranui adopta la forma de unas líneas de luz pálidas y rojas, o a veces de una bola parpadeante que aparece en el cielo por encima del mar con la marea baja, justo antes del amanecer.

Intenté comerme una de esas naranjas hace tres años. Mi primer invierno como estudiante en Shanghái estaba llegando a su fin, y también las oleadas de morriña que me deprimían sin previo aviso. A mediados de marzo aparecieron esos frutos gigantescos y nudosos en grandes cantidades en el puesto de fruta que estaba junto a las puertas del campus. Cada naranja iba envuelta individualmente en su propia bolsa de papel, sellada con caracteres chinos rojos que formaban un dibujo en torno al borde. Eran tres veces más caras que las pequeñas mandarinas que yo comía a puñados y que me habían mantenido en marcha durante el húmedo invierno. Compré dos para empezar, cuatro yuanes cada una. Las pelé y me comí una en la calle, bajo el paraguas. Febrero había sido el mes de las mandarinas pequeñas. Marzo sería el mes de las naranjas feas.

~

Cuando pienso en mi hogar, veo un limonero. Los frutos amarillos empiezan a hincharse y caer. A lo largo del invierno y la primavera, la casa huele a cortezas de cítricos. Aquí no se desperdicia nada. Mamá recoge pieles de mandarina y corta pieles de limón y las coloca en un plato en el horno, después de cocinar, de modo que, a medida que el horno se enfría, deja escapar un aroma agridulce, de azúcar caliente. Las peladuras empiezan a secarse y curvarse con el calor mientras el perro duerme a nuestros pies. No muy lejos, oímos rugir las olas con un temporal del sur. Nuestra piel huele a sal y a naranjas.

Amor lejano

«¿Existe realmente Londres? ¿Estás ahí tú? ¿O estoy pensando en un espectro y escribiéndole?».

Vita Sackville-West en una carta a
Virginia Woolf, 4 de febrero de 1926

Azul descendente

La ciudad está oscura cuando llego y oscura por la mañana, cuando me despierto. Todo es gris, suaves formas de un azul transparente corren por el cielo como hojas de celofán. Todavía estoy cautiva de la neblina del viaje, y mis ojos solo pueden centrarse en una cosa a la vez: las ramas desnudas de los árboles, las hojas congeladas, envueltas en una helada empolvada como azúcar, el barro con una costra de hielo. De vuelta en casa, las colinas que rodean la bahía siempre están verdes excepto en septiembre, cuando aparecen al mismo tiempo las flores amarillas del *kōwhai* y el tojo. No estoy acostumbrada a ver tanto gris. Londres no es el lugar donde pensaba que acabaría; me trasladé a este lugar para estar en el mismo sitio que la persona a la que amo y, aparte de ellas, no conozco a nadie aquí. Para combatir la falta de color, compro en el mercado de flores unos tulipanes rosas con el corazón oscuro, unos que han crecido muy lejos de aquí. En la tienda de comestibles vietnamita que hay en Kingsland Road, compro un arbolito de kumquat y lo coloco junto a la ventana. Dentro de unos días, los bordes de las hojas empezarán a curvarse.

Esta lluvia

No la veo, al principio. Paso a su lado en la galería, hacia otros pasillos y otras salas. Al salir, mis huesos son más lentos, más pesados, y ella todavía sigue ahí. Miro el cuadro sin ver nada en absoluto: un lienzo vacío con rectángulos pálidos. Tomo nota mentalmente: Agnes Martin.

Es mi cuarto día en la ciudad. La oscuridad se ve interrumpida ocasionalmente por unas líneas blancas y brillantes a determinadas horas del día. De ellas emana una calidez pulsante, algo que no alcanzo a tocar. Miro cada mañana, pero no siempre aparecen. Es irreal estar aquí, de repente, en pleno invierno. Paso los días recorriendo el barrio y buscando trabajo en internet. Otra vez en mi vida ya me fue necesario aprender a estar sola en una ciudad poco familiar. Empiezo a sentir ahora, intensamente, que esta es otra de esas ocasiones. Salgo fuera, al frío, me tapo la cara, me tapo los ojos.

Estudio de lluvia

Envío varias solicitudes de trabajo cada día. Escribo lo mismo una y otra vez: «Gracias por dedicar tiempo a examinar mi solicitud». Nunca me he sentido tan lejos del mar. Me pongo el abrigo y la bufanda y voy a pie al cementerio, donde los jacintos y los narcisos levantan sus luminosas caritas por encima de una capa de nieve. El día más helado de todos, me refugio de nuevo dentro de las salas blancas de la Tate. Vuelvo a pasar ante el cuadro blanco de Agnes Martin, que observo que lleva como título *Amor lejano*. Esas palabras hacen que me detenga y lo mire más de cerca. A primera vista, la obra de arte no parece más que un cuadrado blanco y brillante. Nadie lo mira…, por el contrario, todo el mundo pasa de largo hacia el llameante naranja de Rothko, al final del pasillo.

Al observarlo más de cerca, observo que está cubierto de finas cuadrículas que parecen trazadas con un lápiz muy afilado. Me alejo de nuevo y es como si la superficie del cuadro hubiese cambiado, como si lo hubiese atravesado una onda expansiva y se hubiera rehecho siguiendo su composición original. Los cuadrados pálidos ofrecen luz y calidez. Otro día, en otra estación, quizá ofrezcan un elemento distinto: viento, lluvia. Cuanto más lo miro, más me parece el fondo del lado hondo de la piscina, rodeada por cemento demasiado caliente como para andar por él con los pies descalzos. Cierro los ojos y me sumerjo.

Mañana

Cuando estoy más a gusto sola es cuando cocino y me como un huevo pasado por agua. Cada uno de nosotros ha heredado una forma distinta de contar el tiempo de cocción de un huevo, igual que del arroz.

Todavía no me he acostumbrado del todo a esta cocina azul, repito los mismos pasos cada mañana. Lleno el cazo más pequeño con agua del grifo y lo coloco sobre el fogón. Cojo un huevo frío del frigorífico, lo sujeto entre los dedos, lo introduzco en el agua. Veo formarse diminutas burbujas en la superficie de la cáscara. Cuando el huevo empieza a temblar, preparo la tostada. Cuando salta la tostada, el huevo ya está hecho. Lo saco con una cucharilla y lo coloco en una huevera, como hacía mi madre, excepto que esta huevera no es mía. Esta es de porcelana color crema con un dibujo a cuadros azules y una línea roja en torno al borde. Le doy dos golpecitos al huevo con el dorso de la cuchara para romper la parte de arriba, luego la quito entera. Meto la punta de la cuchara dentro para romper la membrana de la yema caliente. En la ventana, el azul se disuelve en leche desnatada. Un escritor amigo me preguntó una vez: «¿Cuáles son tus rituales?». Entonces no estaba segura, pero ahora sí que lo sé.

Sin título (Estudio para «El huevo»)

Hay muchas otras mujeres que cocinan y que se comen sus huevos pasados por agua a solas, como yo. En uno de los primeros cuentos de Katherine Mansfield, «El cansancio de Rosabel», el sencillo almuerzo de Rosabel, que consiste en un bollito y un huevo pasado por agua, se convierte en una especie de símbolo de su soledad en Londres. En *El cuento de la criada,* la narradora se come un huevo pasado por agua en su habitación blanca cada mañana:

La cáscara del huevo es lisa y al mismo tiempo granulosa. Bajo la luz del sol se dibujan diminutos guijarros de calcio que recuerdan los cráteres de la luna [...]. El huevo resplandece, como si tuviera energía propia. Mirarlo me produce un intenso placer.[*]

Aparte de su cuerpo, el huevo es el único objeto que hay en la habitación. Ella se imagina colocándose el huevo tibio entre los pechos. El huevo es un paisaje lunar, un desierto vacío; es la Luna iluminada por el Sol. Su forma es la de su cuerpo: antes, en el mismo texto, describe su silueta como «una nube solidificada alrededor de un objeto central, en forma de pera, que es duro y más real que yo y brilla en toda su rojez rodeado por una envoltura traslúcida».[†]

En un poema de Kim Seon-U, «Time for Boiling Eggs» ('Tiempo para hervir huevos', traducido al inglés por Emily Jungmin Yoon), la narradora prepara un huevo pasado por agua para su madre, que ya no la reconoce:

(A mi madre le gustan pasados por agua). Lleno el cazo de agua, coloco dentro los huevos y enciendo el gas. En el interior de las claras puras y fibrosas, la yema, un universo que está a punto de cobrar vida. (Comemos, alimentamos y nos comen).

El huevo y *Sin título (Estudio para «El huevo»)* son dos dibujos de Agnes Martin que examinan la simetría del huevo.

[*] Atwood, Margaret, *El cuento de la criada,* Barcelona: Salamandra, 2017, p. 160. Traducción de Elsa Mateo Blanco.
[†] Atwood, Margaret, *Op. cit.,* p. 115.

Son pequeños comparados con sus cuadros, más o menos del tamaño de una hoja de papel A4. En *El huevo,* una forma oval está compuesta enteramente de líneas finas horizontales que empiezan a desaparecer y fundirse unas con otras cuando miras el dibujo desde lejos. Hay sutiles variaciones en el peso de cada línea, lo que crea una suave ilusión de movimiento, como si el huevo girase lentamente sobre su eje. Para *Sin título,* Martin coloca el huevo encima de una rejilla y lo corta en dos a lo largo. Entonces, traza una línea por la parte superior y lo corta, exactamente en el lugar donde quitarías la tapa con una cuchara.

De espaldas al mundo

Agnes Martin dejó Nueva York en 1967, cuando tenía cincuenta y cinco años, y se fue a vivir sola en el desierto. Vivió sola toda su vida, aunque tuvo varias relaciones con mujeres. Sufría alucinaciones con aura debido a la esquizofrenia, y la sometieron a terapia electroconvulsiva por ese motivo.

En Nuevo México se construyó un estudio de ladrillo y barro. Las pinturas de tonos suaves de los años pasados rodeada por ese paisaje y nada más están definidas por bandas de color superpuestas con finas cuadrículas y líneas, irreales en su perfección geométrica, pero también como un sueño que tuviera lugar en el desierto. *Amor lejano,* el primer cuadro de ella que vi, lo pintó en 1999, cuando tenía ochenta y siete años. Igual que ocurre con los poemas, mis respuestas a las obras de arte son instintivas y nacen de algún lugar en el interior de mi cuerpo. Solo escribo sobre arte en términos de intimidad, o de falta de ella. En la galería, tomé notas de los pequeños cuadrados de texto junto a cada cuadro y dibujé las líneas que separaban sus campos de color melocotón y los campos de azul. Cuando el invierno londinense a ser una primavera más luminosa, empecé a escribir de nuevo.

Martin habla con mucha suavidad, en una entrevista grabada en 1989, de la cual se puede oír un resumen de cinco minutos en la web de los Archivos de Arte Estadounidense. Unas interferencias muy fuertes llenan los espacios entre sus palabras. Las interferencias están formadas por unas líneas suaves y ondulantes, azules y grises, que nunca se tocan.

Un día claro

Es posible intimar con una ciudad comiendo fuera sola en invierno. Pido fideos de arroz con pato asado en el segundo piso de un restaurante en Chinatown, donde la única persona sola, aparte de mí, es un chef fuera de servicio que cuenta sus cigarrillos encima de la mesa. *Siu ngo laai fan,* una frase en cantonés que me enseñó mi madre una vez, mientras esperábamos en una zona de restauración de un aeropuerto, aunque nunca fui capaz de reproducir bien los tonos. Más tarde, en el piso superior de Foyles, en Charing Cross Road, donde todo el mundo parece un escritor sin empleo recién llegado a Londres, unto mi carísimo bollito con nata montada fría y mermelada de frambuesa.

En los restaurantes vietnamitas de Kingsland Road, en el este de Londres, nosotras, todas mujeres de veintitantos o treinta y tantos años, sorbemos *pho* a mediodía y nos calentamos las mejillas con el vapor que surge de nuestros cuencos y cubre las ventanas, y que nos protege de la mirada de los viandantes. No hablamos las unas con las otras ni con otras personas. Nos envolvemos la cara en una bufanda y salimos hacia la nieve fundida.

Jardines tiernos

Séptimo mes lunar

小暑, 'verano ligero' – 'temporada de las hortensias agostadas'

«Los chinos realmente eran muy amistosos, muy amables los unos con los otros. No era lo que yo había esperado».

En la cocina blanca y dorada, destellan las luces que hay encima de la mesa. Unos guisantes rosas y morados colocados en un jarrón en la mesa aletean con la brisa que entra por la ventana abierta. Noto que el cuerpo de mi amigo se tensa junto al mío. Miro por la ventana porque no puedo mirarlo a él ni a nadie más. En el cuidado jardín, las cabezas de las hortensias azules están hinchadas y vibrantes. Los nenúfares tiemblan en la superficie del estanque cálido y marrón. Empieza a anochecer.

Durante el verano me alojo en casa de un amigo íntimo y sus padres en el sur de Inglaterra. En el desayuno, he preguntado a la madre por las flores de su jardín: hortensias, peonías, azaleas, capuchinas. Son flores que reconozco, pero cuyo nombre no sé. Ella me señala cada una y me dice sus nombres, de modo que me da el vocabulario para describir con precisión las plantas por primera vez. «Azalea, clemátide, dalia, *Allium*». Reconozco que al hacerlo me está obsequiando con un regalo. Ella observa los árboles y las flores donde quiera que va y conoce todos sus nombres. Hace dos años, en primavera, visitó Hong Kong; era la primera vez que estaba en Asia. Hong Kong era mucho más verde de lo que ella esperaba. «Mucho más verde».

Sus palabras tenían buenas intenciones, en parte, pero yo no sé cómo encajarlas dentro de mi cuerpo. Las posibles respuestas me dan vueltas en la cabeza, y no sé cómo tomármelas. ¿Pensaría ella en mi madre como en «una china»? ¿Piensa en mí como «medio china»? Si es así, ¿cómo cree que respondería yo a eso? Y, si no, entonces, ¿qué soy para ella? En lugar de hacerle esas preguntas, no digo nada.

Después, en el coche de vuelta a Londres, mi amigo se detiene junto a un buzón rojo, uno de los muchos rasgos del paisaje inglés que me parecen como de juguete, irreal, y aprieta la frente contra el volante.

La última vez que estuve en casa de mis padres leí un libro que tenían y que se llamaba *Guía de campo de las aves de China*. En la página dieciocho, el inicio de un capítulo titulado «El año aviar», el ritmo de determinadas líneas captó mi atención:

China se encuentra al norte del ecuador
y, en los largos días del verano septentrional,
las aves son migrantes que bajan en invierno.

Según el antiguo calendario lunisolar chino, que es un calendario agrícola, cada mes lunar puede dividirse en dos, 节气, *jiéqi* o 'términos solares'. Cada término solar se puede dividir en tres microestaciones. Estas microestaciones marcan un solo suceso en el ciclo vital de plantas y animales. Eso significa que hay setenta y dos pequeñas estaciones dentro de cada año lunar. Cada cinco días comienza una nueva estación.

Cuando me enteré por primera vez de lo de las setenta y dos estaciones, lo traduje obsesivamente y escribí las más poéticas que pude encontrar. Descubrí que yo nací durante «el mes de la ropa tendida», en «el término solar de la llegada del verano», en la «estación del desenredo de las cornamentas de los ciervos». Mi madre nació durante «la estación de los gansos salvajes que vuelan al norte».

Duodécimo mes lunar

夏至, 'solsticio de verano en el sur' – 'estación
de las flores *pōhutukawa*'

«Si pasa demasiado tiempo en China, puede acabar con
este aspecto». La mujer coloca un dedo en el rabillo de cada
ojo y tira. Se ríe. No se dirige a mí, sino a gente que está a
mi lado. Un aliento helado abandona mi cuerpo. Noto la
urgencia de correr hacia mi perro, Toby, que nos espera en
la parte de atrás del coche, agarrar sus orejas suaves y apre-
tarlas muy fuerte contra mi cara. Me resisto a esa urgencia.

Después de un año en Londres, David y yo estamos
otra vez en Aotearoa para Navidad. Acabamos de volver de
un paseo por la playa y mis labios resecos saben a sal. Tengo
la piel en torno a los tobillos áspera a causa de la arena y
el dobladillo de mi vestido está húmedo y pesa. Casi estamos a distancia de natación de la isla grande que protege la
costa, Kāpiti. Otrora lugar de asentamiento del jefe maorí
Te Rauparaha, luego estación ballenera y ahora santuario
de aves protegido, Kāpiti está junto a la parte meridional
de la costa de la isla del norte. Conozco todo esto desde

que era pequeña. Los fines de semana pasados en la playa de Waikanae, la isla surgía imponente ante mí. Mi padre siempre me decía que en la forma jorobada de la isla se veía la silueta de un hombre dormido. Con un ojo cerrado, yo solía quedarme de pie en la playa y trazar la silueta de su forma con el dedo. La isla es testigo de lo que ha ocurrido, de lo que sigue ocurriendo todavía. La isla es mi testigo.

Es enero, mediados de verano en la costa. En el hemisferio norte están en pleno invierno, «la estación en la que los gansos salvajes viajan al norte». No ha llovido desde hace dos semanas y los bordes de las rosas empiezan a agostarse ya. En Londres, antes de irnos de vacaciones, planté unos bulbos de primavera (narcisos, iris, jacintos) en contenedores de plástico y los coloqué en fila en el alféizar de la ventana. Envié fotos de mis plantas todavía sin brotes a mi madre, que me contestó y me dijo que no tenía muchas ganas de cultivar algunos lirios acuáticos para el Año Nuevo chino que se avecinaba.

Duodécimo mes lunar

冬至, 'lo más duro del invierno' – 'estación
de los bulbos en la nieve'

¿Resulta más o menos visible mi otredad? A veces, es más:
otras mujeres mestizas y de color en ocasiones se acercan a
mí en el trabajo, con amabilidad y curiosidad, queriendo
saber. «Eres mestiza, ¿verdad?», me preguntan amablemen-
te. A veces es menos: en una habitación llena de gente blanca me cuentan como si fuera una más, lo que me convierte
en testigo invisible de su racismo casual.

Empecé a darme cuenta de la importancia de registrar
las cosas. Ya no podía llevar todos los detalles en mi cuerpo
durante más tiempo. Necesitaba algún lugar donde guar-
darlos, así que abrí un nuevo documento de Google y le
puse el título de «DOCUMENTO INVISIBLE», como si
al nombrar la invisibilidad pudiera disminuir su peso. Las
páginas estaban llenas de notas incoherentes, sensaciones
e imágenes recogidas en las horas y días después de que
ocurriera algo como eso: un comentario brusco de un amigo de la familia, bromas racistas oídas en un tren. Nunca

he sido víctima de violencia racista o de acoso directo; las cosas que yo registraba no parecían importantes si tenemos en cuenta el amplio panorama de racismo sistémico y de colonialismo sobre los que están fundados mi país de nacimiento, Aotearoa, y mi país de adopción, Inglaterra. Pero yo sabía que debía registrarlo todo. Sabía que las propias palabras eran otra forma de violencia, casual y salpicada de risas, intercambiadas entre gente blanca que deambula exclusivamente en espacios para blancos, en forma de bromas, pullas y jerga anticuada que no sirve para otro objetivo que alienar y controlar: «de color», «oriental».

Más o menos en torno a esa época, también empecé a llevar un diario de jardinería. Empecé a imaginar un jardín propio, aquí, en Londres. En mi pequeño balcón, empecé con tres condimentos fundamentales de la cocina china: ajo, jengibre y cebollas tiernas. Después elegí plantas fragantes y arbustos que me recordasen mi hogar: romero, lavanda, jazmín, el árbol *kōwhai*. Como el escritor Alexander Chee con su rosaleda en Brooklyn («Los primeros rayos del sol dan en mi ventana a las siete y media y tocan el suelo de la parte de atrás en torno a las ocho»), estudié el movimiento de la luz del sol en mi jardín, que da al norte. Empecé a aprenderme de memoria los motivos cambiantes de luces y sombras. Ya llevaba dos diarios al mismo tiempo: uno lleno de palabras difíciles, huecos y silencios; otro lleno de alimentos, raíces, sol y lluvia.

2/5/18

En cuanto los días han empezado a alargarse, nuestro patio trasero se ha transformado. He ido siguien-

> do la luz del sol: la cálida luz de la mañana desde las
> seis y media hasta las diez; luego, de nuevo, por la
> tarde, desde las cuatro más o menos hasta las siete.
> En invierno está oscuro, húmedo, frío, cubierto de
> musgo.

Sigo encontrando flores olvidadas en el interior de libros olvidados. Encontré un croco morado prensado entre las páginas de mi ejemplar de *A Cruelty Special to Our Species* ('Una crueldad especial para nuestra especie'), de la poeta coreano-canadiense Emily Jungmin Yoon. Los crocos florecen desde finales del invierno hasta principios de la primavera, de modo que debí de tomar la flor entonces y ponerla en el libro para conservarla. Sus pétalos se han vuelto traslúcidos, hacen visible el poema «Teoría de la campana» a través de la propia flor:

> Cómo decir «azalea». Cómo decir *«forsythia»*.
> Digamos a cambio campanas doradas. Digamos «estoy en clase de inglés».
> En clase de francés,
> un chico de apellido Kring me llamó *«belle»*.
> Me llamó por mi nombre coreano, y lo pronunció mal.
> Lo dijo en voz alta, llamó la atención hacia mi ajenidad.

La narradora del poema empieza a acumular rimas, pequeñas campanillas que resuenan: lea, lea, azalea. Me recuerdan un verso de otro poema de Rachel Allen: «Los cuerpos de las mujeres recogen materiales igual que los metales se acumulan en los órganos». Empecé a coleccionar nombres de la flora que se agita en el fondo de mis recuerdos: azaleas, magnolias, hortensias, jazmines.

Estoy dividida entre el hemisferio del norte y el del verano, de modo que mis propias setenta y dos estaciones son distintas. Veo pasar mi pequeño jardín a través de las microestaciones. «Estación de las semillas de girasol», «estación del jazmín húmedo», «estación de las mariposas de la col posadas en las hojas de la *brassica*». Pero ¿qué significa intentar echar raíces en un país que siempre te encuentra ajena, extranjera, una mestiza exótica?

Año nuevo lunar

立春, 'principio de la primavera' – 'estación
de las orquídeas de invernadero'

«¿Por qué parte, de tu madre o de tu padre?». Me hace la
pregunta agresivamente, sin preámbulos. El hombre, que
es amigo de un amigo, está de pie en la puerta de mi cocina
azul, y su cuerpo ocupa todo el marco. Se inclina hacia mí
y veo los poros de la húmeda piel de su nariz. Me sonríe de
manera que parece que me está enseñando los dientes.

Detrás de mí, el vapor se eleva del cazo con agua hirviendo donde se están cociendo los *jiǎozi* para nuestra cena
de Año Nuevo. Cuando empiecen a subir hasta la superficie, significará que ya están listos. Es una de esas técnicas
de cocción que no recuerdo haber aprendido y que segura-
mente mi madre me enseñó en algún momento, igual que
me enseñó a meter el índice en la olla del arroz sin cocer y
echar agua fría hasta la segunda articulación. Me aparto de
él para sacarlos rápidamente de la olla y respondo, en voz
baja: «Por parte de mi madre». El vapor cubre las paredes,
y también mi piel.

A finales de febrero, David me lleva a ver las orquídeas en Kew. Cada invierno, el jardín de Kew celebra su festival anual de orquídeas en los invernaderos; cada año se elige un país tropical distinto como tema. Este año es Tailandia. De cerca, las orquídeas parecen más animales que flores. Bocas rosas, zarcillos violetas, lenguas amarillas apretadas contra el cristal empañado. Sus antepasadas en tiempos crecían silvestres en las selvas tropicales del sureste asiático. Hay cortinas de plantas trepadoras fluorescentes llenas de flores por encima de un estanque de *koi* y un Buda flotante de fibra de vidrio rodeado de candelitas. No estoy segura de si ese arreglo está destinado a recordarme mi hogar o específicamente a hacer que los ingleses tengan la sensación de que han puesto los pies en una jungla exótica. No pueden ser las dos cosas.

Cuando salimos de la selva tropical falsa y volvemos a la ventosa luz del día, veo que el lago junto al invernadero está congelado. La fuente está cubierta de hielo. En la tienda de regalos, compro una orquídea de color morado oscuro por cuatro libras de la mesa de saldos, aunque sé que probablemente, si está ahí, es porque está medio muerta.

21:57
¿Tienes algún consejo para cuidar orquídeas?
¿Qué debo hacer cuando las flores se pongan mustias?

Mamá, 22:40
¡Probablemente eso significa que tenían que caerse! Lo principal es no trasplantarlas. Solo

un poco de agua. No las pongas a la luz directa del sol…, demasiado calor. Evita los alféiza-
res. Pero también mucha luz.

Primer mes lunar

雨水, 'agua de lluvia' – 'estación de las
mandarinas frías'

¿Quién fue la primera escritora china neozelandesa? Si
existió alguien como yo antes de mediados del siglo XX, su
nombre no se recuerda. «No tuvimos ningún modelo artís-
tico ni literario», escribe la poeta y novelista Alison Wong
en su artículo «Pure Brightness» ('Brillo puro'). Los inmigrantes chinos llegaron por primera vez a Aotearoa en la
década de 1850, procedentes del sur de China, desgarrado
por la guerra, y se establecieron en las minas de oro de Ota-
go. No era común que las mujeres emigraran junto con sus
maridos y, como resultado, las primeras comunidades chinas de Aotearoa fueron enteramente masculinas. Después
del creciente prejuicio antichino de organizaciones como
la Liga Antichina y la Liga Blanca de Nueva Zelanda, en
1881 el Gobierno aprobó la Ley de Inmigración China e
introdujo un impuesto de «capitación» de diez libras por
cabeza para cada persona china que quisiera entrar en el
país. En 1896, ese impuesto aumentó a cien libras. No se

revocó hasta 1934, cuando se permitió a los chinos establecerse como refugiados que huían de la guerra sino-japonesa. En 2002, el Gobierno de Nueva Zelanda ofreció una disculpa formal a la comunidad china por el daño causado por la Ley de Inmigración china.

Wong describe el hundimiento en 1902, junto a la costa de Hokianga, del SS *Ventnor*, un barco que llevaba los huesos exhumados de 499 personas chinas que se devolvían a China para enterrarlos de nuevo en sus pueblos ancestrales. Las asociaciones chinas con frecuencia organizaban la repatriación de los restos a China para enterrarlos allí, o, para los enterrados en Aotearoa que no habían tenido descendientes, reemprendieron la tradición del Festival del Barrido de Tumbas con el fin de honrar a los muertos. Wong relata la reunión que tuvo lugar en abril de 2013 en la playa de Hokianga para conmemorar la tragedia:

> Nos inclinamos tres veces ante manzanas, mandarinas, galletas de almendra, cerdo asado, *baak jaam gai* con patas, muslos y cabeza, con papeles rojos doblados en el pico. Esparcimos vino de arroz, quemamos papel moneda dorado, comimos cerdo y *baak jaam gai*, un dulce que se deshace en la lengua. Los petardos eléctricos resonaban en la arena, bang, bang, bang.

¿Cuántos fantasmas hambrientos puede albergar el mar? Como para Alison Wong, los viajes por mar de antaño forman parte de mi ascendencia. Desde Inglaterra a Aotearoa por un lado; desde las regiones hakka del sur de China a Malasia y a Aotearoa por otro. Cuando pregunto a mi madre qué sabe de la juventud de Po Po, me cuenta una serie de hechos vagos. Que nació (probablemente) cerca de Hong Kong y que, siendo jovencita, huyó de la guerra con su familia por barco a la península de Malasia. Su padre, mi bisabuelo, (probablemente) no consiguió subir al barco o (posiblemente) murió durante el viaje.

El poema de Wong «The River Bears Our Name» ('El río lleva nuestro nombre') contiene dos lugares que están en mis huesos. Es la primera vez que he encontrado mis dos hogares juntos en un solo poema. Los noto desenrollarse en algún lugar de mi interior, como si siempre hubieran estado allí.

> Cuando el sol baja rojo por encima de Pāuatahanui,
> estás de pie, sola, en el río Huangpu,
> nubes de polvo se te meten en la garganta,
> el agua está marrón por años de mal uso.

> Estás de pie sola en el río Huangpu,
> tu tarjeta está abierta todavía en la mesa a mi lado,
> el agua está marrón por años de mal uso,
> escribo tu nombre, rasgo a rasgo.

En momentos de dolor ofrecemos flores, frutas, poemas. Cuando vamos en coche desde el aeropuerto, por la costa de Kota Kinabalu hasta la casa de mis abuelos en la bahía de Likas, pasamos por delante de la gran mezquita azul y el cementerio chino en la colina, con sus coloridas tumbas desperdigadas por toda la ladera. En las tumbas más cercanas, junto a la carretera, veo flores de plástico y volutas de humo que se elevan de los palitos de incienso.

Después de morir Po Po, mi madre desvalijó su cocina. Cuando nos vimos, meses después, me regaló una caja llena de cosas de su cocina: palillos de marfil con las palabras «百年好合» grabadas en el mango, bandejas de melamina con dibujos de flores que habíamos comprado para ella en Daiso, cuencos de esmalte y una olla azul índigo con su tapa a juego. Elegí la olla azul como nuevo hogar de mi orquídea de los jardines de Kew.

Segundo mes lunar

惊蛰, 'el despertar de los insectos' – 'estación
de las primeras magnolias'

«Parece que muchos alumnos chinos de mi escuela tienen
miedo a los perros».

«Eso es porque se los comen».

Cuando el hombre que se sienta enfrente de mí dice
eso, una nube de luz al rojo vivo se forma en el centro de la
sala, o en el centro de mi cuerpo. En la fracción de segundo que transcurre antes de que sus palabras se asienten en
mi piel, tengo que decidir si respirar o no. Podría hablar o
no hablar. El plato que tengo en mi regazo, que contiene
un *brownie* de chocolate tibio, se inclina hacia delante. El
helado de vainilla fundido gotea en la tela azul de mi falda.

«Eso ha sido racista», digo sin dirigirme a nadie, en el
interior del círculo. Mi voz suena tranquila. Durante un
momento, mi voz está presente entre las otras voces y, luego, ya no está. Si alguien más en la habitación me ha oído,
no dan señales de ello. La habitación no puede albergar
mis palabras demasiado tiempo, de lo contrario, acabará

incendiándose. La habitación no puede mantenerme más tiempo dentro.

A lo largo del día siguiente, me siento enferma y temblorosa. No tengo apetito, solo querría masticar algo sabroso y blando, como un huevo de caramelo de Cadbury. Incapaz de dormir, me levanto a medianoche, abro una naranja sanguina y arranco la carne de color rojo oscuro de su piel blanca con los dientes. Fuera, el viento me pincha en los ojos. Los primeros pétalos de la magnolia empiezan a salir volando de los árboles.

De camino a casa desde el trabajo, compro una planta de interior que abre sus hojas veteadas de rosa durante el día y las cierra por la noche, cuando se pliega sobre sí misma y encoge sus limbos en la oscuridad. Me entero de que lo que hacen esas plantas se llama nictinastia. Es un movimiento rítmico circadiano como respuesta a la llegada de la oscuridad. Los receptores de luz de la planta en su piel, llamados fitocromos, hacen que los pétalos o el follaje se curven hacia dentro, como si se durmieran. Lo hacen los crocos y también los lotos, hibiscos, tulipanes y amapolas. El motivo exacto del movimiento de la nictinastia no se ha determinado todavía, pero podría ser una forma que tiene la planta de protegerse de los predadores nocturnos o de conservar la energía, o ambas cosas. Yo observo de cerca mi planta. Es una *Calathea ornata,* nativa de Colombia y Venezuela, parte de una familia de plantas llamadas «plantas orantes» por la forma en que sus hojas y folíolos se levantan al anochecer, como si rezaran.

Mi ira no tiene adonde ir. En silencio, se abre y se cierra en mi interior.

Segundo mes lunar

春分, 'equinoccio de primavera' – 'estación de los
lirios blancos'

El día del atentado terrorista en Christchurch, como estoy
tan lejos y no sé qué otra cosa hacer, corto los dos últimos narcisos todavía vivos y me los llevo para colocarlos
frente a la Casa de Nueva Zelanda, en medio de Londres,
donde se han acumulado montones de flores, tarjetas y
banderitas a cada lado de las puertas de cristal: pequeñas
montañas de dolor.

De camino hacia la vigilia en el Monumento de Guerra de Nueva Zelanda, aquella tarde, veo flores por todas
partes. Un hombre en el tren lleva un lirio blanco que sobresale del bolsillo de sus vaqueros. Yo llevo un ramito de
guisantes de olor de color violeta que he comprado en el
puesto de flores junto al Embankment justo después del
trabajo. Como hago a menudo cuando voy en tren en hora
punta, pienso en lo que pasaría si ocurriera una catástrofe
justo en ese momento. Todos los pétalos saldrían volando
por los aires y se quedarían allí, suspendidos, como en una

película. Salgo del tren en la estación de Hyde Park y casi choco con una chica en el andén que lleva en brazos un ramo gigante de azucenas blancas. Al lado de las azucenas, ella parece pequeña. Da la impresión de que lleva por vestido una nube de azucenas. En ese momento comprendo que, si la sigo, me llevará exactamente adonde quiero ir.

Los usuarios diarios del metro de Londres nos miran a nosotras y a nuestros brazos llenos de flores mientras abrimos un camino aromático a través de la entrada a la estación, atestada, caminando contra la corriente de la ciudad para unirnos a los demás. Los encontramos de pie, apelotonados en la hierba en torno a más valles de flores, abrazados, cantando en voz baja, con las mejillas iluminadas por las velas eléctricas que parpadean en la noche estruendosa.

Cuarto mes lunar

清明, 'pura luminosidad' – 'estación de los helechos koru'

El jardín junto al mar de mis padres en Wellington está formado por plantas heredadas de los antiguos propietarios de la casa y otras añadidas por mamá a lo largo de los años. Es bonito a su manera, como hecho de retazos, producto de las capas de esperanzas y sueños de varias familias superpuestas unas encima de las otras. Nos había quedado un aloe gigante que daba al mar, con sus tentáculos rojos alzados hacia el sol, un viejo *pōhutukawa* que se había podado demasiado, unas hortensias de un morado oscuro, un esbelto manzano, una feijoa rebelde y frondosa y un *kōwhai* dorado. Junto a la puerta, una o dos cebolletas tiernas se abrían camino en la tierra cada primavera… No sé cuánto tiempo hacía que las habían plantado allí, pero siempre cortábamos unos trozos con unas tijeras para ponerlos en nuestra sopa de fideos. Había una glicina medio muerta por encima de la terraza que no podía soportar el vendaval y, al final, papá la reemplazó por una buganvilla que de vez en cuando escupía puñados de capullos de color magenta. Los fines de semana, mamá se pone de rodillas en la hierba húmeda, la abona, trasplanta las nuevas suculentas y recoge las feijoas y los limones caídos. Mientras papá sale a pasear el perro, mamá lo sigue por la playa para recoger fragmentos de conchas de la costa y los echa entre las plantas para crear un lecho de conchas marinas.

Empiezo a tener sueños recurrentes de un jardín que en parte se parece a este, pero que contiene plantas de otros paisajes que he conocido antes: un magnolio yulan gigante con unas flores de color crema del tamaño de un balón de baloncesto, una higuera, peonías rosa. En el sueño, estoy de pie en la puerta de una casa con los techos muy altos y miro hacia el jardín con terrazas, en medio del cual crece un alto arbusto de romero con unas flores de un morado intenso en medio. Hay melocotones de piel velluda que cuelgan de unos árboles bajos y mariposas gigantes de color naranja y negro suspendidas encima de las hortensias a las que les faltan algunas partes de sus alas. Hay un *kōwhai,* un limonero y un aloe rojo.

Kiri Piahana-Wong es una poeta de Ngāti Ranginui de antepasados chinos y pākehā. Su poema «Day by Day» ('Día a día') recorre una serie de momentos solitarios pasados en la cocina y en el jardín:

(iii)
En casa, en el jardín
mis dedos toman la tierra,
quitan las malas hierbas, sopesan
y restriegan. Es media tarde.

A última hora de la tarde, leyendo
manuscritos. Busco
entre las páginas,
encuentro un helecho *koru*.
Necesita agua, necesita
nutrientes. Para eso
estoy yo aquí.

Cuidar un jardín es cuidar, es alimentar, es *atender:* ofrecer
tu propia ternura a la tierra. Algunos días, en este otro país
isleño, que es el punto más lejano del lugar donde nací,
pienso que para eso estoy aquí.

20/5/18
En mi imaginación planeo y planto un jardín imagi-
nario hecho de todos los jardines que he conocido
en mi vida.

Quinto mes lunar

小满, 'una pequeña plenitud' – 'estación
de aves que vuelan hacia casa'

Para encontrar un nuevo linaje poético debo trazar una línea diagonal a través del océano Pacífico. Empiezo con un libro breve que saqué de la biblioteca: *Women of the Red Plain: An Anthology of Contemporary Chinese Women Poets* ('Mujeres de la Llanura Roja: una antología de poetas chinas contemporáneas'), traducida al inglés por Julia C. Lin. Hojeo los poemas en busca de rastros de lo familiar. Mei Shaojiang, una poeta de la provincia de Shaanxi, mide el tiempo en cosas cultivadas en la tierra:

> Los días son ajos y chalotas silvestres que todavía salpican la tierra suelta,
> los días son cuerdas de cáñamo recién enrolladas, todavía empapadas de agua.

En los días posteriores al incidente en el salón iluminado con la lámpara, atendí cada vez más las necesidades y los ritmos del jardín de mi balcón. Coloqué los semilleros en una de las bandejas con dibujos de flores de Po Po en el alféizar y los vigilé obsesivamente. Medía el tiempo según cada centímetro de crecimiento. Contemplaba los pétalos de los narcisos que se convertían en unas cáscaras de papel. Dejé que se marchitaran y se ablandaran en sus húmedos lechos.

Decidí intentar hacer una traducción propia de parte de un poema del libro, uno de Bing Xin, 冰心, titulado «Paper Boats» ('Barcos de papel') («纸船»). Bing Xin nació en 1900 en la provincia de Fujian, una de las diversas regiones de las que procedían originalmente los hakka. Hice esa traducción para acercarme mucho más a Bing Xin y a su distante panorama soñado de montañas y mar. Añoraba acercarme más a la lengua, que siempre había llevado conmigo, pero de la que había perdido muchas piezas a lo largo de los años.

母亲，倘若你梦中看见一只很小的白船儿，
不要惊讶它无端入梦。
这是你至爱的女儿含着泪叠的，
万水千山
求它载着她的爱和悲哀归去。

Madre, si ves un barquito de papel
en tus sueños,
no te sobresaltes,
está lleno de las lágrimas de tu hija,
viaja a través de diez mil olas
para llevar su corazón
a casa, contigo.

Lentamente, con cuidado, desenvuelvo el barco de papel de Bing Xin, añado mi propia traducción a las muchas que ya existen y, luego, lo vuelvo a plegar y lo suelto en el agua que tengo más cerca de mí, ahora.

Dolor

Un diario de natación

Hampstead Heath

1 de octubre
Temperatura del agua: dieciséis grados según la pizarra. Una socorrista vigila en un extremo, una garza azul lo hace desde el otro. La garza preside el estanque desde su lugar, más allá de la línea fronteriza, en el extremo más lejano. Parece que todas las mujeres que se meten en el agua naden hacia ella y, en cierto modo, así lo hacemos.

Sin darme cuenta, me he puesto más fuerte. Después de un verano de natación, recorro toda la extensión del estanque sin hacer pausas para tomar aliento. Una mujer con un pájaro de largas patas (¿una garza?) tatuado en el tobillo izquierdo sube por la escalerilla delante de mí y sonríe, tiritando.

Sabe lo que yo sé: que el estanque nos da un superpoder invisible que llevamos en nuestro interior el resto del día. Las nubes pasan por delante del sol; el viento arrecia.

4 de octubre

Me desnudo tan rápido que todavía noto el sudor húmedo por la espalda por la caminata colina arriba. Meto el cuerpo en el agua enseguida, sin pensarlo demasiado. He descubierto recientemente que a menudo soy capaz de hacer cosas que me asustan si no las pienso demasiado. Cuando mis pies tocan el estanque, noto el agudo dolor de la caída de dos grados desde que nadé por última vez. El dolor en los dedos de las manos y los pies es casi insoportable al sacarlos al aire... y, de repente, ya no está. Lo he roto, he salido por el otro lado, donde ya no hay más dolor.

Después, una mujer se sienta en el banco enfrente del mío y se come una pera vestida solo con el sujetador, las braguitas, los calcetines y un gorro de lana. Yo me siento, me como una manzana y bebo agua caliente de mi termo amarillo después de ponerme los vaqueros más cómodos que tengo, las botas, dos camisetas térmicas Heat-Tech de Uniqlo y mi chaqueta de algodón acolchada.

7 de octubre

Trece grados significa entumecimiento al principio. El dolor tarda un poco en instalarse. He dado ya diez brazadas cuando lo noto en los dedos, sobre todo entre la primera y la segunda articulación. Si el dolor tuviera un color, sería violeta intenso, morado con bordes duros. En su rato libre, una de las socorristas da unas brazadas deslizantes en el centro del estanque y, por un momento, ella y yo somos las únicas criaturas humanas en el agua. Empiezan a caer suaves gotitas que me dan en el cuello y los hombros. Me pregunto qué diferencia habrá entre la temperatura del agua del estanque y la de una gota de lluvia. Me pregunto cuánto tiempo tardará una gota de lluvia en calentarse en cuanto me toque la piel.

Vuelvo a casa andando en medio de una húmeda neblina flotante y oigo el sonido de un clarinete que procede del interior de la iglesia de mi calle. El que toca el clarinete está practicando escalas; las notas vibrantes repican a través de la lluvia como campanas. Una niña pequeña y su madre se protegen debajo de un alero. «Lluvia, lluvia, vete ya», canta la niña.

8 *de octubre*

Mis dedos se mueven a través de las hojas rojas y doradas, bajo la superficie. Una hoja me roza el pie al dar una patada y, como de costumbre, aparto de mi mente la idea de que pueda ser algo más que una hoja un poco recia. Hay patos y gallinetas y dos mujeres que nadan con gorros de lana. Yo nado con mi habitual pequeño chapoteo en forma de estrella en torno a la mitad del estanque, con mis fronteras marcadas por los salvavidas. Recuerdo la primera vez que vi una gallineta aquí, y que me detuve en seco. Esos animales se parecen mucho al *pūkeko* de Aotearoa, con sus plumas de un azul intenso en el pecho y sus picos rojos.

Mientras me tomo un té de jengibre después de nadar, repaso las noticias en el móvil y leo un titular: «Se ha avistado una ballena jorobada nadando en el río Támesis». De repente, vuelven a mí relámpagos del sueño de anoche. Un cuerpo de agua cerrado, una tormenta, un bote de madera, una ballena gris que se abría paso entre olas lentas.

10 de octubre

La garza azul y el cormorán negro se colocan uno frente al otro en los salvavidas. Nado entre ellos y establecemos contacto visual y, luego, apartamos la vista. El cormorán sacude sus alas correosas y las mantiene extendidas frente a mí. Igual que los cormoranes posados a lo largo de la costa sur de Wellington, con sus alas levantadas hacia el viento, como si estuvieran imaginando cómo volar.

Una garza en vuelo es un pequeño dinosaurio alado, todo codos y alas con pinchos. Despliega su cuerpo y sube hacia arriba, saliendo de entre los juncos, desequilibrada, como una marioneta.

Alguien ha dicho que la ballena en el río era algo maravilloso, una señal de que todavía no lo habíamos estropeado todo. Yo sabía que no era verdad. Por la tarde, ya había muerto. Al principio no podía ni mirar la fotografía que ilustraba el artículo, titulado «Ballena jorobada encontrada muerta en el Támesis, golpeada por un barco». Más tarde no pude dejar de mirarla: un cuerpo del tamaño de un camión, doblado hacia atrás, que sacaban del río hacia el cielo. El aire donde no debería estar. Con toda su oscuridad azul expuesta, todavía húmeda.

15 de octubre

La primera vez que nado a la luz del sol desde septiembre. El agua es la más transparente que he visto jamás. Extiendo frente a mí, los brazos y las manos de un dorado pálido, tatuados con las sombras de las hojas.

Alguna vez no soy la única mujer asiática en el estanque. Y no soy la primera mujer asiática que escribe sobre este lugar; Ava Wong Davies y Jessica J. Lee son dos escritoras cuyas descripciones del estanque de las Damas leí mucho antes de nadar aquí por primera vez. En *Turning* ('Dar la vuelta'), Lee escribe: «Empecé a nadar aquí yo sola, rodeada de mujeres que parecían más fuertes que yo. Quería ser como ellas: resistente, sensata, nada sentimental».

En la ducha, las hojas y el barro se desprenden de mi piel y caen al suelo de baldosas azules.

17 de octubre

Hoy se ha descubierto una ballena hundida a más de tres mil kilómetros de profundidad en la costa de California. El descubrimiento de la ballena hundida lo ha retransmitido en vivo la Deep Sea Cam ('cámara de aguas profundas') a bordo del *Nautilus,* un barco operado por la operación sin ánimo de lucro Ocean Exploration Trust. Esta situación se crea cuando el cadáver de una ballena baja flotando hasta la zona abisal y yace en el lecho marino. A medida que la ballena se descompone, se transforma en un terreno de alimentación para un ecosistema entero de organismos de las aguas más profundas, algunos de los cuales son bioluminiscentes.

¿Cómo es el fondo del estanque? Los cormoranes lo saben. Se hunden en él y dejan círculos de quietud en la superficie que desaparecen lentamente, borrando cualquier huella del punto en que sus cuerpos entraron en el agua. Mientras nado, tengo los ojos al nivel de las zambullidas de los cormoranes y de las gotas de lluvia que golpean la superficie y explotan como estrellas.

21 de octubre

Es el primer día de la regla, y el primer día que la temperatura del agua baja por debajo de doce grados. Han trasladado la línea fronteriza, de modo que la zona de natación tiene la mitad de su longitud habitual. Ahora hay pocas que se queden después de nadar y, por el contrario, se marchan por el camino de madera, envueltas en bufandas y gorros.

Los ciclámenes brotan en el sotobosque, aunque es demasiado pronto para ellos. Los ciclámenes van desde vulnerables a las heladas a resistentes a las heladas; de un color crema a un rosa oscuro. Son las primeras flores que vi en Londres después de un invierno casi sin ningún color en absoluto. Surgen de sus nidos de hojas y desenvuelven sus pétalos a partir de una crisálida muy apretada, como si fueran polillas rosa. Las gotas de lluvia se adhieren a la parte inferior de sus alas.

Pienso en esta época del año como en el 'otoño profundo', *shēnqiū,* 深秋, y ahora empiezo a pensar en mí misma como en una nadadora de invierno. Los *Cyclamen hederifolium* florecen en otoño. Yo nací durante el otoño del hemisferio sur. Pero, en esta época, ¿dónde acaba y empieza el otoño? Me doy cuenta de que me aferro a esas antiguas señales de cambio estacional para intentar captar el modelo cambiante de los nuevos extremos. Olas de calor en abril, heladas en octubre. Me sumerjo en agua fría y el cuerpo empieza a arderme.

22 de octubre

Una temperatura de diez grados en el agua significa que las socorristas, de pie en la orilla, preguntan a las nadadoras si han nadado recientemente y las instan a que se lo tomen con calma. La superficie reluce. El agua está oscura y sedosa y, sin embargo, de alguna manera, también hecha de mil añicos diminutos de cristal que se apretujan y me cortan los brazos y las manos. Mido mi aliento. El dolor cede más rápido de lo que esperaba y se transforma en algo suave, brillante, sin peso. Casi me vuelvo, pero acabo nadando otro largo más, simplemente para poder quedarme en este estado intermedio y aterciopelado un momento más, antes de que un frío punzante aflore en el centro de mi pecho, momento en el cual empezaré a temblar desde dentro hacia fuera.

Hablando con la socorrista, le cuento que no estoy segura de ser lo bastante dura para seguir viniendo durante el invierno. Ella esboza un gesto de fastidio. «Mira, si puedes hacerlo con veinte grados, puedes hacerlo con uno. Simplemente, ven. Sigue viniendo», me dice. Quiero tener tanta fe en mi cuerpo como ella.

Hace una pausa. «Escucha. El martín pescador». Yo escucho. Nunca he visto un martín pescador, pero sí que lo oigo: una sola nota de un tono muy alto, como una campana. La socorrista señala el hueco entre dos abedules, donde está el nido del martín pescador. Yo miro hacia los árboles esperando ver un relámpago turquesa, pero entre las hojas todo está muy quieto.

Otra mujer, medio desnuda, escucha. «¿Cómo sabes cuándo salir?».

La socorrista suspira. «Cuando empieces a sentirte maravillosamente, sal. Todos los cuerpos son distintos. Aquí aprendes cuál es el límite de tu propio cuerpo. Pero "euforia" significa "hipotermia"».

Al oír sus palabras, me doy cuenta de que he llegado a conocer mis límites. Sé la cantidad de tiempo que le costará al dolor florecer y convertirse en placer. He llegado a esperar la voz que dice: «Solo un poquito más». Pero «un poquito más» es lo que costaría que la conmoción me abatiese. Cuando una nadadora juzga mal sus límites y se queda demasiado rato, no puede subir por la escalerilla. «Intentamos no dejar que llegues a ese punto. Si te pasa, te gritamos hasta que reacciones y sales».

Puerto de Wellington

31 de octubre
Al salir del avión en el aeropuerto de Wellington, todo es demasiado brillante. Un cielo azul y cálido, un sol platino, unas colinas relucientes cubiertas de helechos enormes. Mis ojos no están acostumbrados a esta luz solar pura, sin diluir. La superficie del mar centellea, y no puedo mirarla directamente.

La fecha de caducidad de mi visado se avecina. Si quería seguir viviendo en Inglaterra, la única opción que tenía era volver a casa y hacer la petición desde allí. Mientras espero la respuesta, cada mañana visito a Toby, que vive con otra familia en nuestra antigua casa desde que mis padres se trasladaron al extranjero. Bajamos a la playa y él trota feliz mientras se mete en el mar y sumerge la nariz en las olas. Cuando parece cansado, volvemos y tomamos el sol en la hierba. Yo tomo limones del árbol mientras un *tūī* vuela en picado ruidosamente en lo alto.

Antes de dejar Londres, me ayudaba pensar en este viaje como en un periodo breve e intermedio de mi vida. Como si, al nombrar mi realidad, pudiera sentirme menos a la deriva. En cuanto pasó la cita para el visado, lo único que tenía que hacer era esperar. Podía tardar desde dos semanas a tres meses, decían. Pero, ahora que mis padres se habían ido, sin un hogar físico al que regresar, me sentía como si estuviera flotando y vacía. Luché para mantener mi ansiedad a raya y evitar que se convirtiera en pánico puro y duro. Intenté concentrarme en las cosas que sé que son reales: el jardín, un poco salvaje ahora, sigue siendo un lugar que me sé de memoria. La playa al otro lado de la pasarela es la misma, y también Toby, aunque tiene ya unas canas entre su pelaje, en torno a los ojos marrones.

Dos vuelos de doce horas marcan el cambio desde el intenso frío otoñal a la lenta calidez de la primavera. Mi cuerpo se acostumbra rápidamente y se inclina hacia el duro viento del norte en cuanto llego a la costa. Me concentro en nadar: reemplazo mi rutina de natación en el estanque por la natación en el puerto, que me parece mucho más natural porque está en movimiento constante, dependiendo de las olas. Me digo a mí misma que seguiré moviéndome. Que seguiré nadando, escribiendo.

Hay dos cosas que conforman la primavera en Wellington: viento frío y sol intenso. Noto ambas al desnudarme detrás de la marquesina del autobús, en Lowry Bay. Un hombre que pasea con un cocker spaniel me mira como si estuviera loca. La marea está tan baja que tengo que vadear el agua hasta muy lejos, con el cuerpo expuesto al viento y las olas succionándome los tobillos. Cuando el agua me llega hasta la cintura, me sumerjo. Está fría, pero con un frío inesperadamente suave, que me pincha levemente la piel. Nado en paralelo a la perfecta curva de la costa. Soy la única criatura viviente en la bahía.

3 de noviembre

Cuando elijo sabores de helado Tip Top, alterno entre tres: galletas con crema, chocolate y vainilla con vetas de zarzamora. Hoy toca el de vainilla con vetas de zarzamora, que me pica en la lengua. Tengo las mejillas rojas por haber caminado al viento. Oriental Bay está repleta de gente que toma el sol, aunque solo un puñado se atreve a meterse en el agua brava. Noto la arena, importada de Golden Bay, granulosa entre los dedos de los pies. Mi amiga Ella y yo nos embadurnamos los hombros de protector solar y luego ella corre por delante de mí hacia el mar de color jade. Yo salto hacia ella y nos sumergimos entre las olas verdes, más o menos a un metro por encima de nuestras cabezas, balanceando nuestros cuerpos. Londres y Wellington están en estaciones opuestas, pero, de alguna manera, las temperaturas del estanque y del mar me parecen casi las mismas. No hace falta nadar; las olas me levantan y me bajan entre sus crestas, vuelo y caigo. «Esta es una de las mejores cosas de estar viva», me chilla Ella por encima del ruido.

深 significa 'profundo', como en la profundidad de un color o del mar. El agua es índigo en algunos lugares, verde guisante en otros. Ella me dice que mire hacia abajo: las capas de arena ondulan y relucen bajo la superficie, se mueven con las olas y la luz. 深秋, 'otoño profundo', 深春, 'primavera profunda'.

5 de noviembre

Siempre me ha parecido que esta playa, donde Toby y yo hemos nadado desde que ambos éramos pequeños, tenía un ecosistema propio. Es distinta del resto de la costa, esas bahías tranquilas que se apartan del viento. El tramo de guijarros entre el malecón y la marea es vasto, al menos de doscientos metros de ancho. La playa desciende a unos pocos pasos desde el agua, una orilla llena de madera de deriva y piedras para trepar por encima.

Tras la lluvia, cuando los charcos se llenan de agua de tormenta, los patos se aposentan aquí y se unen a los ostreros, las gaviotas, los cormoranes, los gorriones y los chorlitejos de dos bandas. Hay señales que avisan a los que pasean a su perro de que esta es una zona de nidificación de los *kororā*, pequeños pingüinos azules, los pingüinos más pequeños del mundo. Esta playa está llena de vida: lino nativo, margaritas moradas, resistentes suculentas, arbustos espinosos con flores amarillas, abejas, mariposas de la col.

Sopla un temporal del norte y Toby insiste en llevarme a la playa. Le tiro unas maderas de deriva mientras retozamos entre las rocas y las conchas de mejillón y de *pāua* crujen bajo mis pies. Toby corre y se lanza de cabeza hacia las olas, con las orejas aleteantes.

Me desnudo hasta quedarme en ropa de baño y lo sigo. Una gaviota adolescente con las mejillas manchadas de gris se cierne sobre nosotros y nos vigila desde lo alto. Llamo a Toby, que está olfateando un amasijo de kelp, y volvemos hacia la playa, trastabillando con los guijarros traídos por la marea como si vadeáramos la nieve.

6 de noviembre

En la bahía, con la marea alta, salto hacia el agua desde el banco que hay detrás de la parada del autobús. No creía tener el valor suficiente para nadar hoy, pero entonces el sol ha salido por detrás de un risco verde. Los esfuerzos para mantener secas mis pertenencias resultan inútiles; las olas bañan mis destrozadas zapatillas de lona. Junto al banco, alguien ha dejado una enorme roca medio desmenuzada con unas conchas de mejillón medio calcificadas colgando de ella.

Tengo que meterme en el agua lo más rápido que pueda. Si voy muy lenta, pensaré demasiado en las piedras resbaladizas e irregulares y en las hileras de coches que pasan junto a la playa. El frío me agarra con fuerza al principio, luego lo hace deliciosamente.

8 de noviembre

Hago una bola con mis calcetines y los meto en las botas, debajo del banco de madera de deriva. Esta amplia zona de la playa de Eastbourne se curva en una forma cóncava hacia la bahía y sobresale al viento, que sopla muy frío y rápido. Es una exposición total. El viento me azota el pelo y me lo enrosca en torno al cuello. Sé que las olas son más fuertes de lo que parece.

Con este tiempo, siempre busco una orca. Bajo las nubes de un color gris perla, cada sombra y arruga en la superficie se me antoja la forma de un mamífero marino. Sigo las formas oscuras muy de cerca hasta que me duelen los ojos por el esfuerzo de la concentración. El mar me levanta y me arroja de nuevo con suavidad contra la costa, como para decirme hola y adiós.

Por la tarde, varios amigos me mandan mensajes con vínculos a la misma noticia:

Se han avistado tres orcas en torno a la bahía de Wellington. Esta mañana, los residentes de vista aguda en torno a Eastbourne, en la costa este de la bahía, han visto a la orca en las aguas menos profundas, cerca de la orilla.

12 de noviembre

Soy la única persona en Days Bay. El mar es azul y está cubierto de lentejuelas, como si fuera la cola de una sirena. De pie al sol de la mañana con mi bikini amarillo de cintura alta, completamente embadurnada de crema solar, me siento de repente valiente y decidida, como el personaje de Stanley de «En la bahía», escrito por Katherine Mansfield en 1922, sobre este mismísimo sitio. Con la primera luz, Stanley se sumerge triunfalmente («¡Siempre el primero en bañarse, como de costumbre! Los había vuelto a ganar a todos»). La primera en bañarme, me sumerjo y bajo en picado hacia las olas de terciopelo arrugado. Me levanto y me balanceo, brillante. El sol me engaña para que piense que no noto el frío, pero yo conozco bien mis límites. Desde la costa, miro hacia atrás, a las olas, mientras intento recuperar el aliento y me protejo los ojos de la luz.

Más tarde, en una librería, busco un ejemplar de los cuentos de Mansfield para releer «En la bahía» mientras me apoyo contra uno de los estantes. Con la voz de un narrador omnisciente, Mansfield inspecciona el amanecer que se abre camino lentamente a través de las colinas neblinosas, por encima de la bahía. Luego, vuelve la mirada hacia el propio mar: «El mar ondulante y reverberante brillaba tanto que hacía daño a la vista».*

15 de noviembre

«No saber cuánto tiempo te quedarás en la ciudad en la que quieres vivir es como viajar medio ciego, como enviar una oleada de sonido a través de un cañón», escribe Sharlene Teo. Lo desconocido se cierne en todo momento en los límites de mi campo visual: la fragilidad de un pasaporte, papeleo, oficinas de correos, el absurdo de intentar vivir en un lugar tan lejano de esta costa. Así que, en este extraño momento de intervalo en mi vida, nado. Nado para llegar lo más cerca que me permita mi cuerpo posible a este mar y este cielo.

Lion's Head Rock está rodeado por olas revueltas de color chocolate con leche. Toby me observa cansado mientras me desnudo al viento y dejo la ropa hecha un burujo encima de la madera de deriva. Me sumerjo por debajo del banco de arena y noto el tirón intenso de la resaca. Nunca me ha atrapado una corriente de resaca, pero me pregunto si al principio lo que notas es esto: que el agua se mueve rápidamente debajo de la superficie, tira de tus piernas en una dirección distinta de los brazos y te dobla las rodillas hacia atrás. Cuando una amplia ola me pasa por encima, impulso el cuerpo hacia arriba para encontrarme con ella

---

* Katherine Mansfield, *Cuentos completos,* Barcelona: Alba, 2001, p. 300. Traducción de Alejandro Palomas, Clara Janés, Francesc Parcerisas y E. de Andreis.

y dejo que me devuelva a la costa. La resaca me indica que no debería aventurarme más lejos, aunque el frío riela y me punza la piel.

Más tarde, mientras me seco en el jardín, las camelias y las rosas de color melocotón se agitan con el vendaval. Tomo una camelia rosa que ha derribado el viento del camino de grava, la coloco dentro de las páginas de mi libreta y tomo nota mental de enseñársela a mamá la próxima vez que la vea, que no sé cuándo será.

Corazón de tofu

刀子嘴巴

Me despierto antes de amanecer y palpo en busca de mi teléfono, que tengo cerca. Medio dormida, paso automáticamente las actualizaciones de la vida del confinamiento en casa, que parece lo mismo de siempre: puestas de sol de un rosa encendido, panecillos de Pascua calientes hechos en casa, lunas crecientes brillantes por encima del mar, al anochecer. Añoro ahora más que nunca tocar el mar, o incluso tenerlo a la vista por un momento, un pequeño recordatorio de que todavía está allí, de que todavía estoy rodeada de agua.

Mi amiga Rose ha subido una foto de un cuenco de *dòufu huā* fresco hecho en casa, 豆腐花, con *yóutiáo*, 油条, palitos de masa fritos. Presiono la pantalla con el dedo para evitar que la imagen desaparezca y siento una punzada de hambre en el estómago. Veo la textura temblorosa del tofu; noto la forma de la suave cuajada en la boca. Pienso en el día que pasé con Rose en Wellington hace muchos veranos, nadando en la cálida bahía y, luego, atravesando la ciudad a pie para ir a nuestro restaurante de fideos favorito. Nos sentamos junto al ventanal y bebimos leche de soja de unos cartones pequeños.

豆花

Si traduzco *dòufu huā,* pierde parte de su sabor y forma. La traducción directa es 'flor de tofu', y en Pekín lo llaman *dòufunǎo,* 'cerebro de tofu'. Podría llamarse «queso de soja suave» o incluso «tofu gelatinoso», como sugiere mi aplicación de diccionario. «Pudin de tofu» es la única traducción lógica para mí, porque el plato tiene una textura similar a la de unas natillas.

En Shanghái, vivía en una calle donde había un restaurante muy pequeño que servía desayunos todos los días: fideos con cebolleta y aceite, bolas de sésamo fritas, *dòufu huā.* A menudo iba yo sola. Su aceite de chili resplandecía con un naranja fluorescente, el color de una noche de verano en Shanghái. Tiernas capas de tofu flotaban en el cuenco en forma de una peonía muy abierta. Recuerdo haberme sentado junto al ventanal, con el paraguas húmedo en el suelo, bajo la mesa, mientras caía otro chaparrón. Al cabo de unos minutos, las alcantarillas se inundaban de nuevo. Y, luego, todo había terminado y la calle quedaba iluminada por los reflejos de los semáforos en los charcos poco profundos.

豆浆

En marzo, una de mis últimas comidas antes de que Londres quedase confinado fue en el Far East de Gerrard Street. Intentaba pasarme por Chinatown a menudo, siempre que podía; había oído decir a algunos amigos que toda la zona estaba fantasmalmente tranquila. El Far East es un restaurante pequeño y atestado donde solo aceptan efectivo, y es el único lugar que he encontrado donde sirven *dòujiang* caliente, leche de soja y *dòuhuā* a todas horas del día.

El aire en el exterior es punzante, pero ya no lo bastante frío para mi bufanda y mis guantes, de modo que me los guardo en los bolsillos del abrigo. Me han servido el *yóutiáo* más grande que he visto en mi vida; tengo que partirlo por la mitad con las manos antes de coger los trozos con los palillos. Me coloco el pelo detrás de las orejas antes de levantar el cuenco de *dòuhuā* y llevármelo a los labios. Las puntas del pelo están ásperas y partidas por el seco aire invernal. Pienso en mi primer invierno en Londres, hace ya dos años, cuando me aventuraba a salir y conocer la ciudad y me armaba de valor para comer fuera yo sola.

La semana pasada, un pariente blanco envió un meme racista a nuestro grupo de WhatsApp familiar. Ya estaba agotada por la ansiedad relacionada con la pandemia y no tuve energía para responder. Otros miembros de la familia le echaron la bronca en privado, y aquella misma noche escribí un breve comentario: «Esto no está bien». No hubo respuesta, aunque sí que vieron el mensaje. No había escrito nada en mi documento invisible desde el año anterior y pensé en abrirlo de nuevo, pero no lo hice… En esa ocasión, en lugar de apuntar lo que había ocurrido rápidamente y apartarlo de mi mente, me sentí lo bastante fuerte como para pensar con calma en las implicaciones del comentario casual y en el incómodo hecho de que viniera de alguien de mi familia, aunque lejana. Todavía no sé por qué decidieron coger una foto de Facebook, guardarla en su teléfono, cargarla en WhatsApp y darle a «enviar». Ignoro cómo es posible que una pandemia global parezca haber dado más confianza a aquellos que en privado, o inconscientemente, encuentran el racismo muy divertido y nunca se han visto obligados a enfrentarse a ese hecho por sí mismos. Los momentos en que me quedaba callada, porque era más joven y no sabía qué decir, todavía me acosan.

豆腐

La definición de tofu del diccionario de Cambridge reza: «Un alimento suave y pálido que tiene muy poco sabor, pero muchas proteínas, hecho de las semillas de la planta de la soja». Me entristece pensar en la persona que escribió esto. Mucha gente arruga la nariz al mencionar la cuajada de soja, y yo me pongo muy nerviosa cuando eso ocurre. Se me encienden las mejillas, agito los brazos en lugar de las palabras.

«Queso de soja» es una de mis expresiones favoritas. Es firme por fuera, pero blanda por el medio, donde el bocado mullido de la «d» se mezcla con el líquido caliente de la sibilante «s» y la fricativa «j». En mandarín, *dòufu* está compuesta de sonidos suaves. Pero decir la palabra requiere un suave mordisco, que la punta de la lengua toque la parte posterior de los dientes.

豆腐皮

Hoy sueño con un plato en particular: *jiācháng dòufu*, 'tofu al estilo casero', en Red Hill, un restaurante de Sichuan en el Manners Mall, en Wellington. Cuando estaba en la universidad íbamos allí a comer *dumplings* y a cantar al karaoke: los dos primeros álbumes de Christina Aguilera mezclados con pop en mandarín. Los daditos de tofu fritos tienen una piel correosa que absorbe la salsa de judías negras.

Hay un famoso plato hakka de dados de tofu a la brasa rellenos de cerdo: *niàng dòufu*. Mi madre siempre dice que Po Po lo cocinaba a menudo. Recuerdo a Po Po colocándolos en el centro de la mesa en una de sus fuentes de servir con el borde azul, y unos esbeltos peces pintados en las partes laterales. El tofu se bamboleaba extrañamente bajo la lámpara cálida.

豆腐饭

En clase de mandarín estudiábamos prácticas funerarias chinas, que son numerosas y todavía no me resultan del todo familiares, ya que nunca he asistido a un funeral de un miembro chino de mi familia. El banquete funeral tradicional vegetariano a veces se llama *dòufufàn*, 'comida de tofu'. Aprendimos de que a menudo se regala tofu como ofrenda, porque es lo bastante blando como para que se lo trague un fantasma.

Hoy es Qīng Ming, el Festival del Barrido de Tumbas, pero muchas familias de todo el mundo no pueden reunirse a llorar a sus muertos.

豆泡

Para preparar *dòuhuā* en casa solo necesitas tres ingredientes: agua, granos de soja y un coagulante, habitualmente polvo de yeso, que convierte la leche de soja en tofu. Según Andrea Nguyen, autora de *Asian Tofu* ('El tofu asiático'), el yeso produce «una coagulación majestuosa». Normalmente yo lo compraría en eBay, pero me siento culpable al comprar productos no esenciales por internet durante el confinamiento, de modo que opto por una de las alternativas sugeridas por Nguyen: zumo de limón.

En el fondo, noto una presión agotadora para escribir, crear, hacer un buen uso de este tiempo. Sin embargo, mi cuerpo está agotado, mis nervios, atenuados y ablandados.

Nunca había tenido una semilla de soja en la mano hasta hoy. Es redonda, suave y de un color dorado cremoso y pálido. *Huàng dòu,* 黄豆 - 'soja amarilla'.

黄豆

El decimoctavo día de confinamiento, pongo una taza de granos de soja en un cuenco en remojo toda la noche. Dejar cosas en remojo es uno de los procesos más mágicos y satisfactorios de la cocina y, además, rara vez he tenido el tiempo y la paciencia para hacerlo, hasta ahora. Por la mañana, los granos amarillos se han hinchado y al apretarlos entre los dedos se han partido limpiamente por la mitad. Mientras se cocían a fuego lento durante cuarenta minutos, con la cocina llena de vapor, he enrollado la masa para hacer unas tortitas de cebolleta, algo crujiente para mojar en mi *dòuhuā*.

Para transformar *dòujiang* en *dòuhuā* ('leche' en 'flor'), lo único que hace falta son unas cucharaditas de zumo de limón. La receta me advierte de que tape la olla y espere una hora para que repose el *dòuhuā,* pero no puedo evitar mirar un poquito. Al final, la superficie espumosa de la leche empieza a cambiar: tiembla, se agita. Sentada en el suelo de la cocina mientras espero que suene el temporizador de mi teléfono, voy consultando Twitter, donde veo imágenes de personas en Pekín que están a metros de distancia unos de otros con crisantemos amarillos en las manos y las cabezas gachas.

«豆腐心»

Hay un proverbio chino: «刀子嘴, 豆腐心». Significa literalmente 'cuchillo', 'boca', 'corazón de tofu'. En otras palabras, 'de lengua afilada, pero de buen corazón'.

Mi cuajada de *dòuhuā* no es majestuosa ni tampoco flota en capas perfectas como pétalos. Pero se ha asentado un poco, cosa que ya es buena. El gusto es más agrio que el del tofu normal. Todavía noto el sustancioso sabor de las alubias en la lengua.

Con un cucharón, pongo el pudin caldoso en un cuenco de arroz y lo espolvoreo con azúcar moreno y un poco de jengibre fresco, mi versión perezosa del «sirope de azúcar en infusión de jengibre», que no tengo energía para preparar. Hoy necesito algo dulce y suave. Tomo una foto y la envío al chat familiar.

豆腐衣

Ante un telón de fondo de unas montañas neblinosas y árboles de pomelos, una joven con el pelo trenzado cosecha soja de los campos que están junto a su hogar con una guadaña. Es Li Ziqi, la famosa china de YouTube cuyos vídeos de cocina, relajantes y de una belleza etérea, con ingredientes frescos de su jardín, le han granjeado muchos millones de seguidores. En la pantalla, su jardín, ubicado en las montañas de la zona rural de la provincia de Sichuan, es como un mundo de sueños. De una exuberancia imposible, resplandece y late lleno de vida, como una escena de una película de Ghibli, en alta definición. Magnolios con sus flores rosas, chiles rojos, rosas trepadoras escarlata, limoneros y árboles de lima relucientes... Los colores cambiantes de su jardín muestran el paso del tiempo: sus granos de soja se siembran en Qīng Míng a mediados de la primavera, y se cosechan en el equinoccio de otoño.

En el confinamiento, las pautas de cada día se confunden con las del siguiente. Veo esos vídeos obsesivamente entre horas de escritura y trabajo desde casa. Fuera llueve como nunca he visto que lloviera en Londres antes: chaparrones violentos que duran solo unos minutos seguidos por una llovizna caliente y fina. Los suaves sonidos del jardín de Li Ziqi empiezan a mezclarse con los de mi cocina azul, que es el lugar donde he conseguido mantener un cierto sentido de normalidad: gotas de lluvia en las ventanas, soja hirviendo en el fogón, la tetera con agua hirviente en el mostrador. Todos los capullos han caído ya y las ciruelas y los albaricoques de los huertos que el ayuntamiento alquila junto al parque comienzan a reblandecerse.

三点水

Wellington, 1996

Empieza en una pequeña habitación con las paredes de color plátano. Empieza dibujando corazones y estrellas en una hoja de papel, sin escuchar la voz cantarina de la profesora. A tu alrededor, en las paredes, hay carteles muy coloridos con dibujos de animales, colores, frutas.

Empieza con el lenguaje tranquilizador del zumo de manzana, de los pastelitos de arroz y el dim sum al vapor. Empieza con un puñado de palabras en dialecto, hakka y cantonés, salpicados de inglés.

Intentas mantener el ritmo de los demás. No te acuerdas nunca de las señas de las manos lo bastante rápido. Siete, 七: ¡aprieta el pulgar y dos dedos más juntos en forma de pájaro! Ocho, 八: ¡lleva el pulgar hacia el cielo, saca el dedo! Nueve, 九: ¡curva el dedo con la forma de un gusano!

Empieza con seis radicales básicos que son los cimientos de muchos caracteres chinos: persona, cuchillo, boca, tejado, corazón, agua. El último, agua, se escribe 氵. Se conoce como 三点水, o 'tres gotas de agua'.

185

水		shuǐ		agua, un cuerpo de agua				
水	果	shuǐ	guǒ	fruta				
水	饺	shuǐ	jiǎo	dumplings hervidos				

~

Las primeras palabras están talladas en concha y hueso. La escritura del oráculo de huesos (甲骨文, literalmente, 'escritura de concha-hueso') fue el lenguaje de la piromancia, la adivinación por el fuego. Los adivinos inscribían preguntas para los dioses en piezas de hueso de buey y de concha de tortuga. Calentaban los fragmentos encima de una llama hasta que estos se agrietaban debido al calor. Sus respuestas se encontraban en el dibujo formado por las grietas y fisuras, en el hueso quemado.

En esos primeros ejemplos confirmados de escritura china, que se remontan a tres mil años, hasta la dinastía Shang tardía, entran en juego dos formas de lenguaje: una en los símbolos pictográficos familiares que se parecen a los *hanzi* que conocemos hoy y otra en las grietas entre las líneas de texto.

Los ideogramas del oráculo de hueso son versiones muy claras de los caracteres chinos de hoy en día, pero muchos todavía no han sido descifrados. Las formas parecen antiguas pero familiares, un poco torcidas, alargadas y finas, como mi propia caligrafía cuando era niña. Una se parece mucho a su contrapartida moderna: un círculo con un punto en el centro, un sol, 日.

Shanghái, 2006

Todos los fines de semana, durante el largo y cálido verano, caminas quince minutos por la carretera hasta la escuela de idiomas que está situada en un complejo de apartamentos en la esquina de Anfu Lu y Wulumuqi Lu. Las anchas hojas de los árboles tiemblan en el sendero.

El calor de julio hace que el aire parezca presurizado, inflamable. Te presiona la piel hasta que llegas a la habitación sin ventanas, donde el helado viento del aire acondicionado te sopla en el cuello. Hoy, para tu segunda lección, tu tutora de mandarín te enseña a escribir tu nombre por primera vez. Te ayuda a desglosar cada carácter en cuatro partes separadas. Sol, luna. Diente, pájaro. Conectas cada forma con las demás torpemente. Notas los dedos torpes, presionan demasiado fuerte el fino papel cuadriculado.

Nunca recuerdas el orden adecuado de los trazos, y dibujarlos no te sale de una forma natural. Tus caracteres son infantiles, sin gracia. Se inclinan demasiado hacia la derecha, igual que tu escritura en inglés. Hay algo que tu cuerpo todavía necesita aprender, o desaprender.

Los escribes una y otra vez hasta que todas las curvas y líneas empiezan a mezclarse entre sí. «Pájaro», «sol», «diente», «luna».

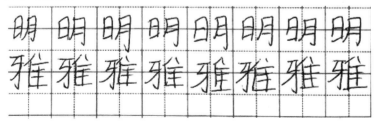

~

El *nǔshū*, 女书 ('escritura de mujeres'), es un sistema de escritura que usaron las mujeres de la provincia rural de Hunan hasta principios de 1900. Di por primera vez con una mención del *nǔshū* en internet en 2017, cuando estudiaba en Shanghái. Los símbolos se parecían un poco a los caracteres que ya conocía, pero se inclinaban y estiraban hasta adquirir unas formas esbeltas y extrañas. Sus rasgos curvados hacían que pareciesen insectos de largas patas, de los que flotan en los estanques, como si estuvieran vivos, a punto de separarse de la página y alzar el vuelo.

A diferencia del chino, una escritura logográfica donde cada carácter representa una palabra o parte de una palabra, el *nǔshū* es una escritura silábica: cada carácter es una sola sílaba pronunciada en voz alta.

Las mujeres y las niñas se escribían unas a otras en *nǔshū*, a menudo bordando las palabras en mantas, ropas y libritos encuadernados en tela. La última persona de la que se tiene constancia que dominaba perfectamente el *nǔshū*, una mujer llamada Yang Huanyi, murió en 2004.

Los escritores y eruditos han quedado fascinados por el *nǔshū* desde que salió a la luz. Yo me obsesioné. La idea de una escritura imaginada por mujeres y exclusivamente para otras mujeres me parecía mítica, mística. Cuando las niñas se hacían mayores, sus tías les enseñaban el *nǔshū* y se les asignaba una *lǎotóng*, 老同, una 'hermana de juramento' de la misma edad, con la cual firmaban un pacto de hermandad. Me imaginaba a las chicas y mujeres escribiéndose notas las unas a las otras a la luz del fuego o hilvanando canciones e historias de sus vidas en telas tejidas a mano.

En la novela histórica de Lisa See *El abanico de seda,* los dos personajes principales, que se llaman Lirio Blanco y Flor de Nieve, son hermanas de juramento que se escriben cartas la una a la otra en *nǔshū* en abanicos de papel. La adaptación fílmica de 2011 dirigida por Wayne Wang (que también dirigió *El club de la buena estrella)* introducía una narración paralela de dos mujeres que vivían en el Shanghái contemporáneo, una de las cuales es la tataranieta de Flor de Nieve. Inspiradas por la historia de la amistad de sus antepasadas, una noche firman un pacto en la cubierta de su álbum favorito de Faye Wong.

La periodista y académica Ilaria Maria Sala, que ha estudiado *nǔshū* durante muchas décadas, ha denunciado la forma sensacionalista en la que se ha tratado el *nǔshū* en la cultura popular, como un lenguaje secreto del sufrimiento y el dolor de las mujeres. El trabajo de Sala en Hunan le reveló que el *nǔshū* era algo mucho más complejo: era tanto un lenguaje ritual como la lengua de la vida cotidiana. En lugar de ser un lenguaje secreto entre mujeres, se limitaba a transcribir el dialecto local de Jiangyong, y no era secreto para los hombres.

La escritura *nǔshū* se está haciendo mucho más accesible a través de internet. Ahora hay un diccionario libre *online* basado en el original *Diccionario de caracteres estándar nǔshū,* compilado por Gong Zhebing y Tang Gongwei. En la pantalla, introduzco los dos caracteres de mi nombre.

明　雅

Wellington, 2011

«Ni wèishéme xuéxi zhōngwén?». «¿Por qué estudias mandarín?». La pregunta surge al principio de cada nuevo semestre. Tus compañeros de clase, casi todos hombres, tienen motivos muy prácticos, profesionales, para haberlo elegido: «Para hacer negocios con China», «Para ser traductor de chino», «Para estudiar relaciones internacionales». Cuando un estudiante maduro hace una broma grosera diciendo que quiere una novia china, la profesora ríe. Cuando llega tu turno, murmuras algo de que quieres saber más sobre la cultura china, como si esa cultura no fuese también la tuya.

Los edificios de la universidad están encaramados en una colina empinada, por encima de la ciudad. Desde el quinto piso de la biblioteca se ve toda la bahía azul. Ferris que se adelantan los unos a los otros al entrar y salir, aviones que se acercan inseguros para aterrizar con el viento, pequeños faros blancos en el límite de la costa sur. En un día claro se ven las montañas coronadas de blanco, que vigilan la ciudad desde la distancia.

En agosto nevó al nivel del mar. Era la primera vez que tú y cualquier otra persona que conozcas veíais nieve en Wellington, donde los inviernos traen lluvia helada y viento, pero nunca nieve. Empezó durante una conferencia de Historia del Arte sobre los prerrafaelitas (con el pelo empapado de Ofelia flotando en una transparencia de Power-Point en la sala de conferencias), cuando alguien vio lo que le pareció nieve en las ventanas superiores, y los susurros corrieron por todas las filas. Había al menos doscientos estudiantes apuntados en la asignatura inicial de Historia del Arte, así que a menudo utilizabas aquel tiempo para practicar los caracteres chinos en la fila de atrás, sin que nadie te viera. En cuanto terminó la clase, saliste corriendo al patio interior, donde todos estaban de pie, riendo y mirando hacia el cielo, sacando la lengua.

Unos copos gruesos cayeron en las playas y se fundieron al instante, en cuanto tocaron las olas. Por la mañana las colinas surgieron de la niebla empolvadas con azúcar. Por la tarde, todo había desaparecido.

雨		yǔ				lluvia				
雪		xuě				nieve				
港		gǎng				bahía				

~

Conocí a la poeta y artista Jen Bervin en Shanghái en 2016. Ella estaba en la ciudad para asistir al Festival Literario Internacional de Shanghái, donde presentaba su actual pro-

yecto colaborativo sobre la poeta del siglo ɪv Su Hui, una
de las primeras mujeres poetas chinas conocidas, que, según
se dice, inventó la forma poética del «poema multidireccio-
nal». Su compuso y bordó en seda un poema cuadrado que
consistía en 841 caracteres en una cuadrícula de 29 x 29 que
se puede leer en cualquier dirección: horizontal, vertical y
diagonalmente. El título de su poema, «Xuanji Tu», «璇玑
图», se refiere a un antiguo instrumento astronómico chino
y se traduce de diversas maneras, como «El poema del cali-
brador de estrellas» o «El mapa de la esfera armilar». Según
la leyenda, Su dedicó el poema a su marido, que la había
dejado por una concubina. Se lo envió y él volvió con ella.

En la lectura poética en un bar que da al río Huangpu,
la pantalla detrás de Bervin mostraba una versión digitalizada del poema de Su Hui. Apenas distinguí un puñado
de palabras repartidas a través de la rejilla: 土, 'tierra', 飞,
'volar', 长, 'largo', 路, 'carretera', y en el mismísimo centro
del cuadrado un 'corazón', 心.

El arte de Bervin a menudo guarda relación con la poesía y los textiles. En *The Dickinson's Composite Series* ('Serie
compuesta de Dickinson'), la artista bordó los signos de
puntuación de la caligrafía de Emily Dickinson (tal como
aparecen en sus manuscritos, cartas y notas originales) con
hilo rojo en unos edredones a gran escala. Para su proyecto
de Su Hui, Bervin pidió a tres bordadoras del Museo del
Bordado de Suzhou que bordaran el poema de Su Hui en el
curso de un año y que usaran la compleja técnica china del
bordado a doble cara sobre seda fina. Un vídeo de seis minutos muestra a la bordadora Yu Juan pasando lentamente
un hilo morado por un lado y por otro a través de una tela

muy tensa, enlazando fragmentos del antiguo poema entre los dedos.

Años más tarde di con unas imágenes en internet de un vasto rollo de papel suspendido del techo de una galería pequeña. En el rollo estaban pintados unos caracteres repetidos: 去, 门, 嘴. En medio de la sala se encontraba una mesa de trabajo, un pincel de caligrafía y un bote de tinta negra. La instalación era de Rainbow Chan, una artista interdisciplinaria australiana cuya obra aúna la traducción, la caligrafía, la artesanía tradicional y las instalaciones. El título de la obra de arte, 回, 'Encerrar tu propia boca', literalmente describe el carácter 回 *(huí),* que significa 'volver': una boca cerrada dentro de una boca más grande. Chan escribió un poema en inglés y, luego, lo tradujo al chino usando el traductor de Google. Entonces pintó todos los caracteres del poema transcrito diez veces en un rollo de seda muy ancho para representar el recuerdo de su niñez de escribir y reescribir diez veces los caracteres. El poema dice así:

Intento hablar,
pero mi lengua se niega.
Mi boca es un logograma perfecto,
un marco sin contenido.

Pekín, 2013

Un catálogo de estrenos. La primera vez que viajaba sola, la primera vez que caminaba sobre un lago helado, la primera vez que pedía comida en mandarín cada día y no tenía que traducir primero del inglés en mi cabeza. Empiezas a notar una intimidad nueva con esa lengua a la que has intentado acercarte desde hace tanto tiempo. Las palabras y las estructuras de las frases ahora están más cerca de donde las necesitas, justo por debajo de la superficie de la piel; las alcanzas con poco esfuerzo, sin tener que sacarlas de las profundidades.

La ciudad es nueva para ti, pero te resulta extrañamente familiar, como esos lugares que aparecen y reaparecen en los sueños. Aquí es donde se conocieron tus padres: hay fotos del polvoriento *skyline* de la ciudad diseminadas por la casa. Es extraño unir todos los fondos de esas antiguas fotos y compararlas con el objeto real: unas banderas rojas llamativas junto a las puertas de la Ciudad Prohibida, unas colinas agostadas que se alejan en la distancia, detrás de la Gran Muralla.

El tacto de la nieve de Pekín es seco y suave en las mejillas. La barren de la calle unos barrenderos antes de que se congele y se convierta en hielo negro. Reluce en montones blancos junto a las aceras. El aire está tan seco que la piel en torno a las uñas se agrieta y empieza a sangrar. Cuando vienes del frío, todo lo que tocas chispea con electricidad estática. Nunca habías experimentado un frío como este: dos capas térmicas, dos jerséis encima, dos pares de calcetines de lana, unos guantes de piel que te prestó tu madre, un gorro de lana con pompón, un abrigo de borreguito acolchado.

Sales sola a explorar y conjuras la morriña al probar cantidad de tentempiés locales de Pekín. Te quedas en la puerta del supermercado Family Mart lamiendo un helado congeladísimo de vainilla cubierto de virutas de chocolate con leche. Tomas el metro a tres paradas de distancia de un centro comercial, donde, según la guía que hojeas, hay un restaurante de fideos conocido por su ramen con pato asado. Te sientas en un reservado, bebes el sabroso caldo y balanceas medio huevo marinado en soja en la cuchara. El vapor te derrite los dedos y las mejillas, todavía rojas del frío.

冰			bīng			hielo		
冰淇淋		bīng	qí	lín	helado		
汤			tāng			sopa		

~

Cuando era adolescente, mi madre me llevó a la galería de arte Dowse, en Wellington. Yo estaba aburrida y vagaba sin objetivo por los oscuros pasillos. Me encontré en una habitación rodeada por objetos de un azul brillante colgados del techo. Las formas se agitaron ligeramente al acercarme a ellas. Eran recortes de papel al estilo tradicional chino, hechos con cuadrados de plástico azul transparente: animales del zodíaco, estrellas, flores, caracteres familiares chinos.

Era *The Unavailable Memory of Gold Coin Café* ('El recuerdo inasible del Café de la Moneda de Oro'), una instalación de la artista Kerry Ann Lee, cuyos padres tenían un restaurante de comida para llevar, el Gold Coin Café, en la parte superior de la calle Willis, en Wellington, cuando Lee era pequeña. El edificio presentaba riesgo de desplome por terremoto y lo demolieron en 2013. Lee regresó al lugar abandonado para su investigación, y lo redescubrió como un lugar de recuerdos distantes, pero vivos. En el catálogo de la exposición, creado por la artista, se presentaban diversos objetos de papel recuperados como preciosos materiales arqueológicos: un menú para llevar con los precios tachados con bolígrafo, papel de incienso de un rojo y un amarillo intensos, una fotografía familiar borrosa.

Pero estos detalles sobre la vida de Lee me eran desconocidos aquel día, en la galería. Recuerdo que quería tocar los objetos brillantes que colgaban allí como apariciones. Mamá vino a buscarme para decirme que nos íbamos. Por un momento, nos quedamos de pie, hipnotizadas por los recortes de papel, viendo cómo brillaba la luz a través de ellos y arrojaba unas sombras azules en el suelo, las paredes y nuestros brazos.

Shanghái, 2016

Pasas tardes húmedas en la habitación de la residencia de estudiantes copiando palabras en tarjetas. Dos veces a la semana, la profesora hace pruebas de dictado, y la única forma de aprender es escribir cada carácter al menos veinte veces, hasta que te duele la muñeca, hasta que cada trazo queda perfectamente arraigado en la memoria muscular.

Pegas las tarjetas en las paredes por encima de tu cama. Por la noche las ves, iluminadas por el suave resplandor de las luces que se cuelan por las ventanas de las residencias estudiantiles de enfrente.

Te asomas entre chaparrón y chaparrón para ir en bici al restaurante de *dumplings* más cercano, con los libros de ejercicios metidos en la mochila. Sopa de *wonton*, té verde helado, hojas de *choi sum* al vapor con jengibre. Páginas de papel cuadriculado extendidas en la mesa de la cafetería. Tienes la palma de la mano manchada de plateado por el grafito del lápiz.

El camino hacia la fluidez es resbaladizo, inestable. Algunas palabras no llegan a adherirse nunca. Cada semana, centenares de *hànzi* entran y salen de tu memoria flotando, y dejan partes de ellas mismas atrás mientras otras se unen a la corriente.

Una tarde, estás estudiando en la biblioteca junto con un centenar más, sentados en silencio en largas mesas, con las cabezas inclinadas sobre los libros de texto, cuando empieza a sonar música sinfónica por los altavoces del sistema de sonido de la biblioteca. Empieza muy bajito y, luego, aumenta de volumen. Levantas la vista, asombrada, y se detiene. Ha sido tan breve que algunos estudiantes que llevan cascos ni siquiera se han dado cuenta. Otros parecen fingir que no ha ocurrido nada. Un par de personas lanzan unas risitas y ahogan las voces entre los pliegues de sus libros: la única confirmación de que no te lo has imaginado. Nunca has oído ningún anuncio en la biblioteca antes, pero quizá esto fuera algún aviso para todo el campus, una prueba técnica, quizá una broma… No has reconocido la música, pero tal vez sea una pieza conocida…, ¿la canción favorita de alguien? Fuera, por las altas ventanas, ves que ha empezado a llover, poco al principio y, luego, más, hasta convertirse en un verdadero diluvio. El diluvio pronto ahoga todos los demás sonidos.

流		liú				una corriente de agua		
流利		liú	lì			fluido, suave		
流泪		liú	lèi			derramar lágrimas		

~

Si alguien me pidiera que dibujara mis idiomas en forma de árbol, creo que el mandarín y el inglés serían como troncos gemelos y el hakka y el cantonés surgirían como ramas en cada dirección. Siempre había pensado que tenía que dominar el mandarín antes de soñar en empezar con los otros, que se enseñan mucho menos como segunda lengua, pero ahora no sé si eso es verdad.

Dialecto: 口音, 'lenguaje verbal'. Antes pensaba en los dialectos como lenguas sin un sistema de escritura sistematizado, cosa que los hacía incompletos, menos desarrollados. Pero un dialecto no es solo un 'lenguaje verbal'. El dialecto es la familia, la sangre, la historia. En mi familia tenemos el hakka, el inglés, el mandarín y el cantonés. El inglés es la lengua común entre nosotros, y los límites de todos los demás idiomas se entremezclan con los límites de nuestro inglés.

La estandarización y simplificación de la escritura china está empapada en una historia de revolución, violencia y colonización. Hay cientos de lenguas chinas regionales conectadas de alguna manera con el mandarín, conocidas

como lenguas «siníticas», y se cree que existen más de trescientas lenguas adicionales que se hablan actualmente en la
China continental. El tibetano, el mongol y el uigur son las
lenguas no siníticas más habladas de China.

THE SIX TONES OF THE HAKKA DIALECT			
Even 平聲	Going 下聲	Departing 去聲	Entering 入聲
1 Upper even 上平 fou 走		4 Upper departing 上去 fou 父	5 Upper entering 上入 fouo 復
2 Lower even 下平 fou 湖	3 Going down 下聲 fou 虎		6 Lower entering 下入 fouo 福

¿Y si los dialectos no fueran ramas, sino raíces? El hakka,
que yo no sé hablar, es la lengua que gritan muy fuerte por
teléfono nuestros ancianos. La gente hakka es un subgrupo
migratorio de los chinos han con un lenguaje distinto y una
cultura propia. Se cree que los hakka proceden de la zona de
la China central, a las orillas del río Amarillo; luego, fueron
emigrando hacia el sur gradualmente y extendieron la lengua
hakka y sus muchas variantes regionales por todo el mundo.
Sin embargo, este es el menos conocido de mis cuatro idio-

* Los seis tonos del dialecto hakka (de izquierda a derecha y de arriba abajo): sostenido, ascendente, de salida, de entrada, sostenido alto, de salida
alto, de entrada alto, sostenido bajo, ascendente bajo y de entrada bajo.

mas conectados. No tiene escritura formal propia, pero se puede transcribir usando los caracteres tradicionales chinos.

Conozco muy pocas palabras en hakka, todas de la niñez: «leche», «dormir», «pan». A través de los textos escritos por misioneros europeos, empecé a abrirme camino en la oscuridad hacia un vocabulario hakka más amplio. Los misioneros suizos compilaron el primer léxico hakka en 1909, y el misionero presbiteriano Donald McIver publicó el primer diccionario hakka-inglés en 1926. La Universidad Nacional de Ciencia y Tecnología de Taichung ha digitalizado un diccionario posterior, de 1959, compilado por el sacerdote jesuita italiano Guerrino Marsecano. Cada definición incluye la palabra escrita en caracteres simplificados chinos y la puntuación romanizada, con marcas de tono.

La guía de Marsecano para los seis tonos me resulta útil. Mi garganta extranjera no está acostumbrada a las formas, pero creo que podré acercarme bastante a dominarlos, porque me siento cómoda con los cuatro tonos del mandarín. En cualquier caso, seis tonos parecen más fáciles que los nueve del cantonés. Pero Marsecano vivió en el condado de Hsinchu, en Taiwán, y las pronunciaciones y los tonos de su diccionario de hakka son particulares de esa región y no se aplican necesariamente a las muchas variantes del hakka hablado por mis parientes en Singapur, Malasia y Canadá.

En mandarín, la palabra *fluido,* 流利, *liúli,* tiene la palabra 流 en su interior: un adjetivo, *fluido,* y también un verbo, *fluir.* La fluidez no es estable, se mueve. El carácter escrito tiene agua que corre por su interior: tres líneas curvas fluyen hacia fuera.

SEA (n) hòi 海; hòi-yông (ocean) 海洋; hòi-lóng 海浪; pō-lóng (wave) 波浪. AT -, ts'ái hòi hóng 在海上; hông hòi tchoung 航海中; mô kât-sât 麻甲殺. BOUNDLESS -, voû piēn t'ái hòi 無邊大海. CALM -, tiām-ts'ín kái hòi 恬靜个海. MEDITERRANEAN -, t'í-tchoung hòi 地中海. OPEN -, koūng hòi 公海. ROUGH -, hì t'ái lóng kái hòi 起大浪个海. - FOOD, hòi sàn voùt 海產物. - PORT, hòi kòng 海港. - POWER, hòi-kiōun lìt 海軍力. TO CROSS THE -, p'iāo yông kó hòi 漂洋過海. TO TRAVEL BY -, hông hòi 航海.

~

La artista japonesa Tomoko Kawao usa un pincel caligráfico casi del tamaño de su propio cuerpo para crear unos lienzos que ocupan el suelo de habitaciones enteras. Su práctica combina la caligrafía tradicional, conocida como *shodō,* 書道 en japonés, con las *performances* y la instalación. Al contemplar un vídeo de una de sus *performances,* oigo el sonido del final de un chaparrón en el lento goteo de la tinta. Los únicos sonidos que se oyen, aparte de eso, son los de su respiración y el suave roce de su cuerpo al tocar el papel. Los caracteres nacen de su cuerpo; su cuerpo adopta la forma de su escritura. En una imagen publicada en el perfil de Instagram de Kawao el 5 de abril de 2020, el carácter 家, 'hogar', está pintado con tinta negra ante un fondo blanco y la propia artista yace sobre la lona, curvada por encima de la parte superior con la forma del radical tejado, ⼍. Lleva un top negro y unos *leggings,* tiene los brazos cruzados encima del pecho y las rodillas flexionadas. Su largo pelo cae hacia abajo como una pincelada o una ola.

Londres, 2019

Reconoces el olor de la tinta de caligrafía de alguna habitación de tu niñez: aceitoso, como de plástico, te recuerda a las pinturas acrílicas. Desde el interior de una habitación iluminada por un fluorescente, en el centro comunitario chino, oyes la fría lluvia de primavera que cae. La habitación está casi vacía, salvo por un jarrón de porcelana con unas ramas con las cáscaras anaranjadas de los frutos del *Physalis* colgando de ellas, como pequeñas linternas de papel. Han colocado helechos, vides, aloes y *Monsteras* en todas las habitaciones del centro, con etiquetas pegadas a las macetas que exhiben su nombre chino escrito con un rotulador negro permanente. *Physalis, cereza de invierno,* 酸浆.

Es la primera vez que sujetas un pincel de caligrafía. Notas la mano torpe al cogerlo. Tu muñeca está demasiado tirante; tus dedos, demasiado tensos. Eres la más joven de la clase; cuatro mujeres mayores que tú se sientan en sus escritorios con sus pinceles, tinta, pergaminos y termos de té. Sonríen mucho, sirven té, ofrecen galletas, pero no les interesa de dónde vienes ni cómo aprendiste unas pocas palabras de mandarín. Se sientan y se ponen a trabajar, copian sus antiguos poemas en silencio.

Hu Laoshi es un hombre pekinés paciente y de voz suave. Lo explica todo en mandarín, lo que significa que no te enteras de la mayoría de los detalles, pero tu cuerpo lentamente se acostumbra al sonido y a la sensación del idioma que no has hablado desde hace meses. Cuando toca el papel con su pincel empapado en tinta, sus líneas son fluidas y ligeras. Curva la punta para formar al borde de cada pincelada un rasgo con la forma de las plumas de la cola de una urraca.

Empiezas mojando tu pincel en el plato del agua, luego dejas caer un par de gotas de agua en la tinta negra encharcada. Empiezas con la más antigua y más sencilla de las cinco escrituras de caligrafía, 篆书, *zhuàn shū,* conocida como 'escritura de sello', no demasiado diferente de los primeros símbolos que se tallaron en un hueso.

«*Xiàn shàng, hòu xià*», dice Hu Laoshi. Primero arriba, luego abajo. Lo repites para ti misma cuando empiezas a pintar. Te pregunta tu nombre chino y te muestra qué aspecto tienen los caracteres en la antigua escritura de sello. Lentamente, dibuja una nueva serie de formas que nunca antes habías visto.

«Fàngsōng fàngsōng bà. No te precipites». La caligrafía es como hacer taichí, te explica: tienes que relajar todo el cuerpo, desde la cabeza a la muñeca, hasta la punta de tu pincel caligráfico, que debe ser como una extensión de tu propio cuerpo.

Intentas respirar y dejar que el pincel te lleve adonde tú quieres ir. Te inclinas demasiado por encima de la mesa, mojas accidentalmente las puntas del cabello en la tinta y salpicas el papel. Esperas que nadie te haya visto. Rápidamente, te recoges el pelo, luego sacudes tres gotas de agua en la tinta negra y empiezas de nuevo.

El museo de las nubes blancas

«Una noche, en un sueño, el padre de Kerry Ann Lee
viajó desde Wellington a Xi'an para ver
los guerreros de terracota…».

Kerry Ann Lee, *Return to Skyland* (*'Regreso a la Tierra del
Cielo'*)

En un sueño, Po Po me lleva a visitar los guerreros de terracota en Te Papa. Los han llevado allí en avión desde China y los exhiben en una vitrina a prueba de terremotos sobre un pedestal a prueba de terremotos para contemplarlos en el interior de un museo a prueba de terremotos junto al mar.

En el sueño no solo hablo el idioma de ella, sino que también sueño en él. Ambas llamamos hogar a la misma ciudad. Esperamos en la parada del autobús en la calle Kōwhai a que el número 83 nos lleve a la ciudad. Po Po saca su tarjeta dorada y se la enseña al conductor del autobús con los ojos chispeantes.

~

Nos sentamos junto al ventanal y miramos a lo largo de la calle Hutt hacia el mar reluciente. Hace calor para ser enero; Po Po lleva una camiseta de algodón que le compró mamá en Singapur la última Navidad, de Uniqlo, blanca y con margaritas estampadas.

~

Caminamos hacia los muelles protegiéndonos del viento. Po Po hace una pausa para contemplar con deleite a los adolescentes que se tiran desde el muelle hasta el agua. Toma su teléfono, que todavía estamos enseñándole a usar, y saca una foto de las zambullidas.

~

En el sueño no somos las únicas chinas de toda la cola. Ni siquiera somos la única pareja de nieta medio china y abuela china de toda la cola, y nos damos cuenta de ello sin necesidad de decir nada.

~

Recorremos unas habitaciones oscuras con escritura dorada en las paredes y nos quedamos de pie juntas frente a la película del palacio Epang, con sus tejados de jade, sus garzas blancas y sus nubes azules pasando por la pantalla. Las nubes y los pájaros me resultan familiares. «Parecen como los pájaros que visitaba en tu jardín en K. K.», le digo, y ella asiente diciendo: «¡Mmm!». «¿Todavía están allí?», pregunto. Ella sonríe.

~

Tengo un recuerdo real de visitar Xi'an con mis padres, Po Po y Gong Gong, mis primos, la tía Bin y el tío Boon cuando tenía doce o trece años, pero no me acuerdo de gran cosa, aparte de hileras e hileras de cabezas con los ojos vacíos y unos caballos dispuestos en formación en un enorme hueco en la tierra. Lo que recuerdo es el calor abrasador (era mediados de julio, y hacía treinta y nueve grados a media mañana, cosa que parece tanto dramática como científica, y que repetí con total naturalidad a mis amigos después: «Treinta y nueve grados a media mañana»). Nuestras zapatillas Converse levantaban nubes de polvo caliente que se posaba sobre nuestra piel húmeda. Lo único que queríamos eran helados y aire acondicionado y, cuando finalmente lo encontramos, Po Po vino y se sentó con nosotros mientras los mayores iban a explorar otra antigua tumba de un emperador antiguo.

~

En el sueño, Po Po me conduce a una pequeña habitación a un lado, llena de luces moradas y rojas. Las paredes están cubiertas de dibujos de objetos y caras que reconozco. Quiero levantar la mano y tocarlos: mariposas azules, un pastel de luna, una peonía rosa, una reina guerrera, un rey mono, luchadores de kung-fu que flotan sobre copas de árboles invisibles. Me vuelvo a enseñarle a Po Po esa pared cubierta de lo que parece ser un modelo repetido de algunos de los recuerdos más antiguos de mi niñez, pero la encuentro sentada en una silla, con las manos en las rodillas, los ojos fijos en la pantalla que tiene delante, donde un proyector anticuado hace pasar imágenes de objetos familiares en la pared. Son objetos de otra época, cosas que Po Po quizá poseyó cuando era una niña pequeña en China, antes de escapar a Malasia: una taza de té desvaída, una cuchara de sopa descascarillada, un par de zapatillas infantiles de seda azul.

~

Le pregunto: «Bueno, ¿qué te parece?» mientras nos comemos unos cuencos de fideos de arroz con pato asado en el KC Café, donde estamos sentadas en un mesa junto al ventanal. Po Po normalmente pide el menú secreto solo para chinos, pero hoy queremos pato asado. Un viento del norte seco y arrollador silba y roza el cristal fino que tenemos a la izquierda, y hace que vibre. Comprendo que este sueño no es a prueba de terremotos. «*Chīfàn ba, chīfàn*», me responde ella, cansada, sin sonreír apenas, solo con un destello en los ojos mientras sujeta los palillos con una mano y la cuchara con la otra. Hunde los palillos en el cuenco, los hace girar, levanta los fideos traslúcidos hacia la cuchara, hasta formar una montañita perfecta de fideos del tamaño de un bocado, y empieza a comer.

En el archivo de las cascadas

1. *Blanco de nube de bosque*

Es lo más cerca que he estado en mi vida de la cima de una montaña. Estoy rodeada de nubes tan espesas que las siluetas de mis padres, que caminan delante de mí hacia el puesto de observación, se vuelven neblinosas. Más allá de ellos, distingo los débiles bordes de un paisaje rocoso. Tres ramas se curvan fuera de la blancura. Aquí casi no hay diferencia entre precipitación y nube, entre líquido y aire. Camino entre la niebla y esta moja mi piel.

La selva tropical se cierne a nuestro alrededor, y las enredaderas y plantas carnívoras invaden la carretera. Aquí arriba, la lluvia cae persistentemente todo el año. Una capa de nubes bajas toca la copa de los árboles y crea un dosel boscoso muy cargado de agua. La humedad se condensa en las hojas y gotea encima de todo lo que vive debajo, lo que nutre el sotobosque húmedo. Este tipo de bosque montano tropical también se conoce como «bosque de nube», «bosque de agua» o «bosque de musgo», llamado así por las epífitas que florecen aquí: musgos, orquídeas, algas y helechos, todos los organismos que se alimentan y crecen en las superficies de otras plantas.

Estamos a mitad de camino de la cima del monte Kinabalu, el pico más alto de todo el archipiélago malayo. Este es uno de los puntos más elevados accesibles por carretera, un punto de partida para que los escaladores inicien su lento ascenso hacia la cumbre. En la distancia, fluyen pequeñas cascadas desde alturas muy empinadas hacia los valles de abajo, como tiras de cinta blanca cosidas a un fondo oscuro. Desde donde estoy veo las espesas nubes de niebla en el punto donde el agua fluye por encima del borde de un acantilado rocoso que altera la velocidad y la forma del cuerpo de agua en movimiento y convierte la estrecha corriente estrecha en cascada. El lugar donde empieza la cascada está fuera de la vista, muy por encima de la línea que dibujan las nubes. Cuando el coche asciende, serpenteando por la montaña, sigo las líneas finas y plateadas con los ojos, hasta que desaparecen.

Cuando era pequeña, durante los viajes largos llevaba a cabo carreras de gotas de lluvia desde el asiento trasero del coche. Elegía dos gotas gordas que caían una junto a la otra y seguía su progreso con la punta del dedo mientras se deslizaban hacia abajo por el cristal. Apretaba la cara contra la ventana mientras esperaba ansiosamente el momento en que, al final de la carrera, una de las gotas tocara a la otra y, como por arte de magia, las dos se convirtieran en una: una diminuta cascada que se vertía en la grieta entre la portezuela del coche y el cristal.

Hoy en día no somos escaladores, solo excursionistas. La excursión la ha organizado Michael, uno de los antiguos amigos del colegio de mi madre. Cuando estamos en Kota Kinabalu, nuestro itinerario siempre lo dictan las actividades planeadas por antiguos compañeros de clase de mi madre: un despliegue de parlanchines tíos y tías que me saludan como si fuéramos familia de verdad. Michael nos pasa unas bolsitas de papel con frutos secos para alimentar a las ardillas montañesas. Miro a mi alrededor: no se ve ni una sola ardilla montañesa en las rocas y árboles que me rodean, mágicamente quietos entre la niebla. Pero alguien roza su bolsa de papel y, efectivamente, empiezan a surgir pequeñas criaturas como fantasmitas de larga cola. Saltan y se balancean entre las ramas de los árboles al otro lado de las barandillas, como si actuaran para nosotros, los turistas.

De vuelta a casa, damos un rodeo por el pie de la montaña para ver la *Rafflesia,* la flor más grande del mundo. La *Rafflesia* florece solo una semana de su ciclo vital de nueve meses, y únicamente durante la estación de las lluvias. Empieza a florecer de noche, lo cual también marca el principio de su muerte. Casi en cuanto florece, la flor empieza a descomponerse y a dejar escapar ese hedor a podredumbre que da a la planta su otro nombre común: flor cadáver. El olor atrae a los insectos, que dispersarán su polen.

Recorremos en fila india una pasarela elevada bajo el dosel goteante. Mi padre me da unos toquecitos en el hombro y señala un montículo en el suelo del bosque junto a la pasarela. Yo me acerco un poco: lo que parece un trozo de carne oscurecida es en realidad una flor gigante, de color rosa melocotón, brillante e irreal como si fuera parte del atrezo de una película de ciencia ficción y estuviera hecha de yeso. No hay hedor alguno, pero sí que detecto un aroma sulfuroso, entre dulce y amargo, como de regaliz y queso viejo. Apenas distingo la piel esponjosa de sus pétalos, rizados y porosos, más reptiliana que floral.

2. *Amarillo National Geographic*

De pequeñas, pasamos muchas Navidades en la antigua casa de Kota Kinabalu. Los días en que llovía sin parar y no podíamos ir a la piscina en la colina que dominaban el valle, registrábamos las cajas y los estantes con viejos libros, revistas y fotos que se encontraban intactos en todas las habitaciones del piso de arriba. Mi madre desenterró un antiguo tablero de Monopoly con el que mi tía y ella recordaban haber jugado cuando eran niñas. Mi prima Sara limpió el polvo de la caja y lo dejó en el suelo entre las dos. Nos sentamos con las piernas cruzadas en el dormitorio que antes era de mi madre, una de las dos únicas habitaciones de la antigua casa que tiene aire acondicionado. El aparato zumbante expulsaba un aire gélido hacia nuestro cuello mientras abríamos con cuidado la caja de cartón, que había empezado a romperse por los bordes. En el interior, sin embargo, todas las piezas estaban todavía en su sitio: el pequeño dado rojo, los trocitos de papel moneda rosa y amarillo que apilamos en pulcros montoncitos en el suelo. Jugamos toda la tarde y durante horas al día siguiente mientras el ruido de los gecos que chirriaban y los ladridos de los perros flotaba en el aire.

Cuando ya llevábamos demasiados días seguidos con el Monopoly, nos echamos en el suelo fresco y barnizado y hojeamos las enormes pilas de ejemplares antiguos del *National Geographic* de Gong Gong. Gong Gong tiene una suscripción vitalicia; cada mes siguen llegando, cincuenta años después de su primer número. Las páginas de los ejemplares más antiguos eran rugosas y frágiles, no brillantes, como las de las últimas dos décadas. El amarillo típico de los lomos se había desvaído hasta adquirir un color pálido y mantecoso. Dentro, las fotos eran de ensueño y muy saturadas: cielos de un azul intenso por encima de un fiordo brillante; un volcán en erupción, cubierto de abrasadora lava; una ciudad resplandeciente vista desde el espacio.

Volvimos al estante inferior, donde Gong Gong guardaba ejemplares de los libros que él mismo había publicado. Todavía veo sus cubiertas mentalmente: un cardumen de peces de colores, oro, plata y rojo moteado, todos nadando hacia el lomo del libro, bajo un título en mayúsculas: *The Fresh-Water Fishes of North Borneo* ('Peces de agua dulce del Borneo septentrional'), por Robert Inger y Chin Phui Kong. Lo saqué del estante y lo sujeté en mi regazo, junto con una pila de otros libros con títulos como *Invertebrados marinos de Malasia* y *Guía de campo de conchas y moluscos de Borneo*. Me encantaba que esos libros parecieran catálogos de ventas, con todas las imágenes de todas las especies pulcramente dibujadas a mano con líneas en blanco y negro, nombradas y etiquetadas debajo. Yo fui directa a las seis páginas, más o menos, de grueso papel brillante justo en medio del libro, donde aparecían los peces con espinas amarillas fluorescentes y colas flotantes azules en las fotos a todo color.

Chin Phui Kong es Gong Gong, mi abuelo, ictiólogo, es decir, biólogo marino especializado en peces. Nació en Sandakan, en el estado de Sabah, en 1923. Su padre y su abuelo emigraron juntos a Malasia desde Cantón, en el sur de China, antes de que él naciera. Fue al instituto en China, donde en 1944 lo reclutaron para unirse al ejército y luchar contra el movimiento de resistencia contra los japoneses, junto a los británicos y el Kuomintang, como parte de la Fuerza 136. Después de la guerra volvió a China a estudiar Biología Marina en la Universidad de Xiamen y, luego, trabajó en el Departamento Piscícola de Sabah, en Malasia, durante el resto de su carrera.

A Gong Gong le gusta el golf, ver las noticias, la cerveza Tiger y hablar con todo el mundo con gran detalle de peces de agua dulce. Es alegre y tranquilo, y sabe hablar hakka, mandarín, cantonés, malayo e inglés. Ahora tiene noventa y siete años, y la última vez que lo vi fue hace tres. Mis planes de visitarlo este año se han echado por tierra, ya que todas las fronteras están cerradas y los vuelos cancelados, y resulta muy difícil para él hablar por teléfono, sobre todo en inglés, aunque mi madre le explica un poco mis proyectos de escritura. Cada semana, él le cuenta lo que ha visto en las noticias y repite su asombro de que haya gente en Estados Unidos que todavía vote a Trump.

Supe muy poco del tiempo que pasó Gong Gong en el ejército hasta 2015, cuando él y otros antiguos soldados de la Fuerza 136 obtuvieron medallas por su valentía, otorgadas por el Gobierno de Taiwán. Un día busqué su nombre en internet, pues quería encontrar una foto de uno de sus libros de peces, y di entonces con una entrevista oral a Gong Gong que no sabía que existía, grabada en 2005 y archivada en la web de los Archivos Nacionales de Singapur. Como sobre todo lo oigo hablar inglés y hakka, era la primera vez que realmente lo escuchaba hablar en mandarín un buen rato. Para mi sorpresa, entendí gran parte de los primeros minutos de la grabación. *«Wo de zufù, dàgài shì 1901 nián, chàbùduō yībǎi nián qián, dào nàbiān qù, dào Shāndǎgēn qù»*, dice Gong Gong. 'Era 1901, hace casi cien años, cuando mi padre vino a Sandakan'. Cuando la entrevista se centra en los detalles de su entrenamiento militar y su servicio, no la entiendo bien, pero sigo escuchando de todos modos. Su voz es suave y melodiosa.

Cada noche, en la vieja casa, Gong Gong veía la televisión hasta que todos nos íbamos a la cama. Le deseábamos buenas noches uno por uno, y todos nos quedábamos dormidos con el débil murmullo de las noticias en cantonés y el chirrido del ventilador del techo. Yo dormía en la habitación de al lado, donde los estantes conservaban pilas inacabables de libros de texto y cómics de mamá, el papel de cuyos lomos ya empezaba a deshacerse por los bordes: *Cumbres borrascosas, Juicio y sentimiento, Astérix, Snoopy* y *Los cinco*. Por encima y por debajo había hileras de tarros de cristal y botes de Gong Gong, donde unos especímenes de peces diminutos flotaban suspendidos en un líquido dorado claro. Nunca podía mirarlos demasiado de cerca. En la oscuridad, pensaba que notaba sus ojitos plateados clavados en mí. Justo antes de amanecer, cuando la llamada a la oración de la mezquita azul resonaba en la bahía de Likas, veía unas tonalidades de luz de un azul profundo reflejadas en las jarras de cristal y en los esbeltos peces con sus escamas perladas. La melodía flotante de la plegaria parecía titubear por momentos, repentinamente lejana, y luego volvía de nuevo, alta y clara; quizá nos la traía más cerca el viento del océano. Mientras tanto, la casa empezaba a despertarse poco a poco: se encendían unas lámparas, se oían unos pasos amortiguados, el sonido de la tetera, que empezaba a hervir.

3. *Verde de mango no maduro*

A medida que nos hacíamos mayores, nuestras visitas a Kota Kinabalu se hicieron menos frecuentes. Gong Gong no hablaba demasiado con nosotras porque éramos niñas; nosotras no hablábamos con él porque era viejo. Po Po sí que nos hablaba, en una mezcla de hakka y un poco de inglés, aunque sobre todo hakka. Sara entendía el hakka, aunque no lo hablaba, pero yo no entendía nada. No hablábamos con ella.

Entonces, no pensé nunca en intentar hablar como es debido con Gong Gong y Po Po, más allá de la charla afable de «¿cómo estás?» y «¡cuánto has crecido!» y «últimamente ha llovido mucho». Creo que es simplemente porque Po Po y Gong Gong siempre habían estado allí, siempre igual, siempre en la misma casa, con el mismo árbol de fuego amarillo junto a la puerta y sus manos cálidas y arrugadas apretadas contra mis mejillas. Siempre había el mismo olor en la vieja casa, siempre la misma luz. La casa era como un archivo intocable de nuestra primera infancia, y de la infancia de mi madre y mi tía, y, sencillamente, siempre estaba ahí.

En los años anteriores a la muerte de Po Po, empecé a darme cuenta de que ella sabía mucho más inglés de lo que yo pensaba. Prefería el hakka, por supuesto, y el hakka era la lengua de la casa. De modo que nos quedábamos calladas o nos encerrábamos en los dormitorios del piso de arriba con nuestras Game Boys, y nuestros libros de *Harry Potter* y nuestros reproductores de CD mientras los adultos, abajo, parloteaban en voz alta en una lengua extranjera, la lengua del salón, la lengua del comedor.

Pero en la cocina y en el jardín trasero que había fuera de la ventana de la cocina, la lengua era menos importante. Nos sentábamos en el suelo de cemento para ver a Po Po recoger la ropa tendida, y con los pequeños frutos verdes balanceándose en las ramas del mango mientras las nubes se oscurecían y el viento arreciaba. Nos sentábamos con las piernas cruzadas frente a la hierba larga y Jackie, la perra guardiana, nos miraba cansadamente desde donde estaba sentada, enroscada, junto a la puerta delantera. Buscábamos entre la hierba algún lagarto y nos tirábamos guisantes secos crujientes la una a la otra e intentábamos cogerlos con nuestras tazas de melamina. La garceta blanca aterrizaba silenciosamente en el extremo del jardín.

Hace seis años, justo después de que se publicara mi primer poemario, pasamos las Navidades en Kota Kinabalu. Es extraño ocupar de adulta un espacio en el que piensas que serás eternamente niña. Todo parece más pequeño de lo normal. Sentada a la mesa, mi madre me indicó por señas que le diera a Po Po un ejemplar de mi libro que había llevado para ella. En la cubierta interior había escrito chapuceramente mi nombre para ella en chino. Ella sonrió y miró la cubierta, trazó las letras del título con el dedo índice y pronunció las palabras para mí. Luego abrió el libro al azar y murmuró algunas palabras: «flor», «nube», «Nueva Zelanda».

Mi geografía interior de la casa y sus alrededores es neblinosa, formada puramente por recuerdos de la niñez. No podría dibujarte un mapa del lugar ni decirte exactamente lo lejos que está el mar; solo que en el coche siempre sabía que, cuando alcanzábamos la mezquita que había en la esquina, ya no estábamos lejos de casa. Mis marcadores de las fronteras de este lugar eran la línea azul de la costa, la piscina en la colina y la montaña. Hace poco noté la necesidad urgente de volver y trazar de nuevo, minuciosamente, las líneas de ese paisaje que viven en mi recuerdo, antes de que desaparezcan por completo los rastros físicos. Las piezas se repiten en mi cabeza como un hechizo. Una cocina, una piscina, una montaña.

4. *Gris granito*

La montaña está oculta detrás de las nubes muchas horas del día, pero siempre sigue ahí. A veces la veía por la mañana, después de que cayera la niebla, con sus extraños picos de granito, como dientes torcidos que tocaban el cielo.

Está hecha de roca fundida, empujada a través de la corteza terrestre hace diez millones de años. Su núcleo de granito es roca ígnea, magma cristalizado. Y la montaña todavía se está elevando poco a poco, a un ritmo de cinco milímetros al año, una actividad causada, según se cree, por un lento proceso de subducción en la corteza terrestre. Hace cien mil años, durante la Edad de Hielo, el monte Kinabalu estaba cubierto por láminas de hielo. Los glaciares abrieron unos profundos canales en la roca y excavaron valles y barrancos.

Hoy en día, el monte Kinabalu tiene una elevación de 4095 metros y alberga, según se estima, de cinco mil a seis mil especies de plantas y animales, una elevada concentración, encontrada solo en esa montaña y en ningún otro sitio, incluida la musaraña negra de Borneo, el hurón tejón de Borneo y el arañero verde de Borneo. El Fondo Mundial para la Naturaleza clasifica los bosques alpinos montanos de Kinabalu como «sobresalientes globalmente» debido a su rica biodiversidad; solo otra ecorregión indopacífica tiene ese mismo estatus: los bosques de frondosas del este del Himalaya. Se han encontrado aproximadamente setecientas cincuenta especies de orquídeas en la montaña; entre ellas, la rara y buscada orquídea llamada «zapatilla de Rothschild», la *Paphiopedilum rothschildianum,* que crece solo en las alturas.

El Parque Nacional de Kinabalu se fundó en 1964, pero eso no impidió su rápida deforestación, que llegó hasta zonas de las selvas tropicales de Kinabalu en los años ochenta y noventa del siglo XX, sobre todo para la obtención de madera y la producción de aceite de palma. En el año 2000, el parque fue designado Patrimonio de la Humanidad y se vivió un *boom* del turismo. Se introdujeron estrictas regulaciones y carísimos permisos de escalada y, como resultado, los kadazan y dusun perdieron el libre acceso a su montaña sagrada ancestral. No fue hasta 2010 cuando los parques de Sabah establecieron un día al año para que los dusun pudieran hacer un peregrinaje anual, subir a la montaña y llevar a cabo rituales tradicionales para honrar a los muertos.

Los primeros colonos y exploradores europeos contemplaron la montaña con reverencia. En una expedición científica con la Real Sociedad de Londres para el Avance de la Ciencia Natural, en 1961, el botánico E. J. H. Corner escribió sobre los imponentes picos del monte Kinabalu: «Almenada, nublada, luego, bajo la luz del sol, brillando con corrientes refrescantes, la montaña preside el paisaje de la parte occidental de Borneo septentrional y hace señas al aventurero». La historia de la montaña es inseparable de la historia del comercio europeo de Borneo y su colonización, que empezó a finales del 1700 con intentos de los neerlandeses de establecerse en partes de Borneo. En 1812, la Compañía Británica de las Indias Orientales intentó tomar el control de los puertos, pero fracasó, y el proyecto se consideró demasiado caro y arriesgado, ya que la isla y sus alrededores eran demasiado hostiles, demasiado salvajes. Pero en 1842 se entregó tierra en Sarawak al aventurero británico James Brookes, que estableció allí «el Raj de Sarawak», una monarquía y estado independiente propio. Brookes adquirió más tierra para los británicos, lo que allanó el camino para la formación, en 1888, del Borneo del Norte Británico, un nuevo protectorado británico administrado por la Compañía Privilegiada de Borneo del Norte. Entre 1880 y 1900, los británicos fomentaron la inmigración de trabajadores hakka desde Cantón a Borneo del Norte para ayudar a impulsar el crecimiento económico. Entre estos trabajadores estaba el abuelo de Gong Gong, que emigró en 1901.

Cuando, en enero de 1942, las tropas japonesas desembarcaron en la isla de Borneo se encontraron con escasa resistencia. Aunque el Borneo Septentrional Británico tenía su propia policía, no había marina ni ejército destinados a protegerlo de la invasión. Jesselton, la Kota Kinabalu de hoy en día, se rindió enseguida, y toda la región se convirtió en territorio del Imperio de Japón. Se establecieron en la isla dos grandes campos de prisioneros de guerra para encerrar allí a los soldados británicos y australianos capturados durante la batalla de Singapur. Ahora se alza un monumento en Ranau, junto a los pies de las colinas de Kinabalu, donde se obligaba a los prisioneros a marchar desde Sandakan a Kota Kinabalu por las estribaciones orientales de la montaña a lo largo de más de doscientos kilómetros. He visitado dos veces ese monumento, una en la estación lluviosa, otra en la estación seca. Medio escondido al subir unos escalones de piedra, se encuentra un jardín de paz con terrazas donde se han colocado plantas y flores de origen australiano e inglés. En la colina que se alza sobre los arrozales y los bananos crecen rosas de un amarillo pálido y árboles limpiatubos escarlata.

Cuando los japoneses se rindieron, en agosto de 1945, la isla de Borneo se encontraba devastada y todas sus ciudades importantes y aeropuertos, bombardeados. La Compañía Privilegiada de Borneo septentrional no podía permitirse el coste de reconstruir las infraestructuras y, en 1946, entregó la administración de la región al Gobierno británico. Borneo septentrional siguió siendo una colonia de la Corona hasta 1963, con la formación de la Federación de Malasia. Hoy en día, la isla está dividida entre tres países: Malasia, Brunéi e Indonesia.

El monte Kinabalu se había plasmado en mapas y había sido recorrido por la gente indígena muchas generaciones antes de que Hugh Low se convirtiera en el primer hombre blanco en llegar a la cima, en 1841. Los naturalistas europeos se apoyaron mucho en el conocimiento de la tierra de la gente local, pero, como la montaña permaneció intacta para la ciencia occidental, se contemplaba como algo salvaje, «aborigen». Después de Hugh Low, llegó un aluvión de científicos y exploradores europeos a lo largo de los cincuenta años siguientes, incluidos el coleccionista hortícola James Herbert Veitch en 1977, el zoólogo John Whitehead en 1887 y el coleccionista de insectos J. Waterstradt en 1908. En 1910, Lilian S. Gibbs se convirtió en la primera mujer europea y la primera botánica que, según se registra, ha alcanzado la cumbre. En 1961 y 1964 tuvieron lugar dos expediciones históricas de la Real Sociedad; mi abuelo estaba presente en una de esas misiones, para la que recogió y catalogó muestras de peces de agua dulce de los arroyos de las montañas.

Hice planes de seguir sus pasos en la montaña, de escribir sobre las cascadas y otros pequeños cuerpos de agua que Gong Gong estudió, y de llevar conmigo las notas botánicas de Lilian S. Gibbs. Pedí un permiso de escalada y reservé una habitación en el hotel que hay junto a la cima, donde pasaríamos la noche y nos levantaríamos antes de amanecer para llegar a Low's Peak con la salida del sol. Me compré una parka impermeable, unas mallas térmicas, un cubremochilas de nailon. A medida que se desarrollaban las noticias y nuestro plan de viaje quedaba en entredicho, me sorprendí aferrándome a la idea de caminar entre la niebla, ver orquídeas, tocar la cumbre de granito y luego, después, sentarme en la mesa con Gong Gong para contarle cómo había ido el viaje.

Los titulares se repetían en mi mente. Durante meses, los recogí como si fueran notas de campo. El 16 de marzo: «Malasia cerrará sus fronteras a los viajeros, restringirá los movimientos internos, cerrará colegios y universidades». 9 de mayo: «Las fronteras malayas siguen cerradas a los extranjeros». 11 de septiembre: «El Gobierno ha decidido permitir a los residentes permanentes, así como a los cónyuges extranjeros de ciudadanos malayos, entrar en Malasia siempre y cuando se trate de viajes sin retorno».

5. *Dorado de formol*

Según MountKinabalu.com, la escalada dura un día y medio, y es posible para «cualquiera que esté razonablemente en forma y sano», incluso alguien sin experiencia en escalada de montaña, como yo. Pensaba que, si podía coronar la cima, desarrollaría una conexión más profunda con el lugar donde había nacido mi madre. No podía abandonar la montaña, aunque no supiera cómo escribir sobre ella sin haber puesto jamás los pies en ella ni haberla tocado. Busqué mi ejemplar de *La montaña viva,* de Nan Shepherd, un libro único en el cual no se habla de alcanzar una cima, sino, por el contrario, de trazar muy de cerca los contornos y los colores de una montaña, su luz, su aire. Una frase de la introducción de Robert Macfarlane me saltó a la vista: «Proponerse llegar al punto más alto no es la única forma de escalar una montaña».

Una forma de escalar una montaña, cuando el viaje no es posible, es entrar en el archivo. En la cima de los escalones de la Sociedad Linneana de Londres, llamo a un timbre de latón junto a la puerta y oigo el eco de su zumbido al otro lado. La puerta es tan pesada que tengo que abrirla empujando con todo mi cuerpo. Le digo a la recepcionista que tengo una cita en la biblioteca y ella me señala la escalera para que suba. Unos retratos con marcos dorados de distinguidos hombres blancos se alinean en las paredes por encima de las escaleras enmoquetadas, junto con vitrinas que exhiben antiguas flores prensadas.

No había puesto los pies en una biblioteca desde hacía seis meses. Antes de que la pandemia alterase la forma de nuestras vidas diarias, pasaba media semana trabajando en una biblioteca y un archivo dedicados a la poesía. Le cuento todo esto sin aliento al joven bibliotecario, que ya ha colocado la pila de artículos que he solicitado en la mesa, ante mí. Acabo de entrar en la biblioteca más bella que he visto nunca, aunque no se lo digo al bibliotecario, que probablemente lo oye varias veces al día. Él se retira a su despacho y me deja con mis manos temblorosas, mis lápices afilados y mi pila de libros.

Miro a mi alrededor lentamente, intento captarlo todo. Las paredes están pintadas de un relajante tono de verde musgo, el color de las hojas del lino en casa. Unas escalas desvencijadas están fijadas a los estantes, tanto aquí como arriba, en la entreplanta, donde unas columnas acanaladas con los capiteles curvados y ornamentados tocan el alto techo. La suave luz del sol se filtra a través de unas claraboyas con dibujos florales. Estoy sola en esta habitación recargada, salvo por unos cuantos bustos de hombres viejos y una enorme serpiente pitón enroscada dentro de una urna de cristal, detrás de mí. Está todo muy tranquilo, solo se oyen los sonidos distantes de la ciudad al otro lado de las ventanas arqueadas. Noto que el corazón me palpita en los oídos. Títulos de libros, viejos y nuevos, captan mi atención: *Antiguos robles del paisaje inglés, SERPIENTES AMERICANAS, La flor del imperio.*

Antes había estado esperando con un pequeño grupo de ansiosos visitantes a la galería junto a la puerta de la Real Academia. Una mujer con el pelo blanco y ralo me vio mirando impaciente entre los barrotes de hierro. Me dijo que las puertas se abrirían exactamente a las once menos cuarto, al cabo de diez minutos. Estaba a punto de preguntarle si había acudido para ver la exposición de Gauguin cuando me dijo: «Acabo de ver un ave de presa».

Seguí la dirección de su mirada a través de las puertas de la verja, hacia el jardín. «Se ha ido», murmuró ella. Dijo que había visto al ave, con alas oscuras y grandes, posarse momentáneamente en el brazo de una estatua. Estiró los hombros y levantó el brazo para imitar la postura de la estatua e hizo un gesto con la otra mano para mostrarme dónde había estado el pájaro. Rio, sorprendida. Yo me reí con ella y las dos levantamos la vista hacia el cielo claro, por encima de los ornamentados tejados, un azul tan brillante y despejado que tuvimos que protegernos los ojos.

Como gran parte de la ciudad ha sido inaccesible para mí hasta hace poco, ha pasado mucho tiempo desde que puse los pies en una institución como esta; una institución establecida casi únicamente para la catalogación y el archivo del Imperio. En Londres, igual que en otras ciudades europeas, noto el peso de una ciudad construida sobre el botín de la esclavitud y la violencia colonial. La Sociedad

Linneana está alojada dentro de Burlington House, junto con la Real Academia de Artes y la Real Sociedad Astronómica, entre otras instituciones científicas. Burlington House perteneció a lord Burlington, que la compró en 1667, cuando era lord tesorero de Irlanda. Ahora, por supuesto, la atención de la Sociedad Linneana se ha trasladado a presentar y recoger investigaciones importantes sobre la conservación y el cambio climático. Bibliotecas y archivos pueden proponerse existir fuera de la política, con objetivos puramente académicos o de investigación, pero el archivo es una institución y, por tanto, es político. Como afirma la escritora y erudita estadounidense Saidiya Hartman, cuando entro en esta sala tengo que enfrentarme a «la autoridad del archivo y los límites que establece sobre lo que puede conocerse, cuya perspectiva importa». Esta sala es muy bella, pero yo noto el peso de su historia.

Las campanas de la iglesia tañen suavemente para señalar las once en punto. Los ruidos de Piccadilly Circus se desvanecen en el fondo mientras tomo mi libreta y la coloco en el escritorio junto a dos libros que he sacado de la pila que tengo ante mí: *The Fresh-Water Fishes of North Borneo* ('Peces de agua dulce de Borneo septentrional'), por Robert F. Inger y Chin Phui Kong, mi abuelo, y un volumen del *Diario de la Sociedad Linneana* de 1914, encuadernado en piel de color verde oscuro con letras doradas grabadas en el lomo.

Abro el libro azul y allí está, sentado de frente y en el centro de una foto del equipo de la expedición zoológica de Borneo de 1956, el mismo año en que nació mi madre. No recuerdo haber visto antes esta foto; nunca lo había visto tan joven. Sin embargo, la forma de su cara es la misma. Tomo una foto de la página con el móvil y se la envío a mi madre por WeChat. Ella responde unos minutos más tarde y me dice que conoce muy bien esa foto. Dice que el hombre que está sentado junto a Gong Gong, el doctor Robert Inger, un herpetólogo de Chicago, era el tío Bob.

Siempre he sabido que Gong Gong era experto en peces de la región de Borneo septentrional, pero no sabía lo que significaba realmente eso. No sabía qué hacía en realidad. Cuando hojeaba ese libro, de niña, solo miraba las fotos. Esta vez, leo despacio los detallados relatos de Gong Gong de los pequeños cuerpos de agua de Sabah: arroyos, pozas, cascadas. En el libro, cada cuerpo de agua está separado en capas compuestas: la capa de la superficie, la capa superior, la de mitad del agua y la capa inferior. Y cada espécimen de pez está descrito con minuciosos detalles, desde la punta del hocico al final del opérculo, la profundidad del cuerpo, el diámetro del ojo, el número de escamas, la diminuta distancia entre cada aleta. Una serie de fotografías en blanco y negro muestran diversas orillas de ríos, charcas y corrientes que sirvieron como principales lugares de recolección para los científicos. Una muestra enredaderas y hojas enredadas por encima de una corriente atrapadas por un rayo de sol que hace que la superficie del agua brille. Casi veo vibrar la luz.

The Fresh-Water Fishes of North Borneo se publicó originalmente en 1964; esta impresión de 1990 incluye un nuevo capítulo escrito por mi abuelo con una lista de nuevas especies de peces recogidas en el Parque Nacional de Kinabalu: «Se preparó una habitación grande, en el cuartel general del Departamento [...], para almacenar y exhibir los especímenes de peces, preservados en formol, en tarros de dulces». Pienso en el dormitorio de la casa antigua, donde siempre dormía de niña, con sus estantes llenos de tarros dorados y diminutos peces rosas y plateados suspendidos en el interior.

6. *Rojo rododendro de montaña*

Sola en la biblioteca vacía, me sumerjo en la flora y las vías fluviales del monte Kinabalu. Es extraño pensar que, si mi viaje no hubiera sido cancelado, si las fronteras de todo el mundo no hubiesen estado cerradas, nunca habría pasado tanto tiempo con el libro de mi abuelo, aquí, en este tranquilo archivo dedicado a la ciencia.

Me vuelvo a continuación hacia el libro verde oscuro, el volumen 42 del *Diario de la Sociedad Linneana*. Lo dejo descansando en el cojín especial de archivo, en el escritorio, justo delante de mí, con cuidado de no forzar su lomo, y uso los pesos cubiertos de satén para mantener las páginas abiertas.

Lilian S. Gibbs nació en Londres en 1870 y se educó en colegios privados de Inglaterra y Europa. Descrita por John H. Beaman como «una señora de buena posición económica», se matriculó en la Universidad Hortícola Swanley en 1899 y, más tarde, estudió Botánica en el Real Colegio de Ciencias. Empleada del Museo Británico durante la mayor parte de su vida, Gibbs se hizo conocida por su obra sobre los ecosistemas montañosos. Viajó muchísimo en sus expediciones de recogida de plantas, a

Islandia, Zimbabue, Nueva Zelanda, Australia, Fiyi, Indonesia, Malasia y Sudamérica. En 1905, fue elegida miembro de la Sociedad Linneana en Londres, solo un año después de que la sociedad empezase a admitir a mujeres por primera vez. En 1914, cuatro años después de convertirse en la primera botánica y la primera mujer europea en subir a la cumbre del monte Kinabalu, publicó un relato de sus observaciones titulado: «Una contribución a las formaciones de flora y plantas del monte Kinabalu y la zona montañosa del Borneo septentrional británico» en el *Diario de la Sociedad Linneana.*

Me encantaría poder observar las plantas y flores de la selva tropical con mayor claridad, y su relato me da exactamente eso: un catálogo detallado, no un diario de viaje, una lista de texturas, colores, medidas y nombres en latín de especies de plantas en todas las etapas de la escalada. Como el mapa que hizo mi abuelo de las distintas capas dentro de un cuerpo de agua, Gibbs señala las capas que componen el rico ecosistema montañoso: bosque secundario, bosque alto primario, bosque musgoso, formación de matorrales, bosque bajo resguardado, bosque pigmeo bajo la cumbre y el núcleo de granito.

En diciembre de 1909, Gibbs desembarcó en Kota Kinabalu, entonces conocida como Jesselton. Acosados por una lluvia constante e intensa, Gibbs y su pequeña partida de guías, porteadores y ayudantes para la recolección, la mayoría de ellos indígenas del pueblo dusun, no iniciaron la escalada desde los pueblos del pie de las montañas de Kiau hasta varias semanas más tarde, en enero de 1910. Sus ayudantes, que eran sobre todo chicos adolescentes de los pueblos cercanos que conocían bien la montaña, la ayudaron a prensar ejemplares de las plantas y a mantenerlos secos mientras ascendían por el bosque tropical húmedo. Musgo, rododendros y plantas carnívoras flanqueaban el sendero. Gibbs vio un rododendro amarillo y uno rojo que crecían uno junto al otro, pero no podía tomar muestras sin la ayuda de su guía local: «La situación del rododendro era peligrosa, pero Lamat estuvo a la altura de las circunstancias y me consiguió ejemplares de ambas especies».

Los árboles crecían más pequeños y más dispersos a medida que subían, y el aire era más frío. Centró su atención en los musgos y las orquídeas del sotobosque. Antes de iniciar el ascenso a la cumbre, se requería realizar un ritual sacrificial para calmar a los espíritus de la montaña (una ceremonia que todavía practica la comunidad dusun hoy en día) que implicaba el sacrificio de seis pollos. El 22 de febrero de 1909, Gibbs se acercó a la cima trepando por un terreno rocoso con mucho viento. La partida hizo una pausa para descansar bajo el bosque alto y usó el agua de unas plantas odre para prepararse el té. Ella mantenía los ojos bajos a medida que la vegetación clareaba para examinar los musgos y los arbustos enredados. A lo largo del tiempo, unos vientos muy fuertes habían barrido los árboles enanos y sus ramas hasta dejarlos casi tocando la superficie de la roca. En una fotografía de esa parte del camino, los árboles parecen los bonsáis finamente esculpidos de los jardines japoneses. Se detuvieron junto a una corriente protegida a pasar la noche, en un lugar donde florecían rododendros de un rosa intenso entre losas de piedra. Gibbs dejó a los demás y se dirigió sola corriente arriba a examinar dos pozas profundas y una cascada de poca altura, donde recogió musgo de las rocas.

A la mañana siguiente, el sol se abrió paso entre los árboles y la mitad de la partida continuó hasta Low's Peak. En la linde del bosque pigmeo, el musgo dejaba paso al granito. Las únicas plantas eran pequeñas orquídeas amarillas que crecían en una esbelta cadena, *Dendrochilum stachyodes.* Gibbs consiguió su espécimen. Cogida de la mano de uno de sus guías para ayudarla a mantenerse en equilibrio en la empinada pendiente, subieron corriendo juntos hasta la cumbre: esta era una de las maneras preferidas de los nativos para enfrentarse a un terreno difícil. Sin aliento, se detuvieron en el punto donde terminaba el sendero. Una cascada helada se abría camino entre las rocas, al nivel de su hombro, y se agachó a tocar las diminutas plantas que crecían entre las grietas. Encontró un puñado de pequeñas flores blancas, *Drapetes ericoides,* que le recordaron de repente a Nueva Zelanda.

Mientras preparaba el viaje que pensaba que podría llevar a cabo, había buscado infinidad de fotos de la cumbre de la montaña. Había visto varias partes de vídeos de YouTube, había leído blogs de viajes y había seguido cuentas de ecoturismo en Instagram. Me imaginaba una y otra vez lo que sería llegar a la cima; estaba ansiosa sobre todo por saber si en realidad podría conseguirlo, porque me preocupaba que mi cuerpo estuviera demasiado entumecido y exhausto, o que tuviera demasiadas náuseas debido a la altura. Las fotos de la cumbre de Lilian Gibbs, tomadas un siglo antes, parecían casi idénticas a las imágenes contemporáneas: un paisaje lunar y gris de oscuros valles de roca rodeados de nubes. En la biblioteca, me acerqué mucho a examinar las intrincadas crestas y estrías del granito, fácilmente visibles en las fotos en blanco y negro. La forma curvada del Low's Peak se alza en el cielo como un maremoto.

En lo alto, Gibbs se encontró sola, ya que el resto de la partida se había refugiado del viento bajando el camino. Se quedó quieta y miró pasar las nubes por encima del «poderoso abismo» que quedaba debajo. Examinó la meseta de granito con intenso detalle, como si fuera una orquídea o un lecho de musgo, y encomendó a la memoria sus pendientes, crestas y texturas:

> Enormes picos, casi todos de la misma altura, se alinean en su superficie, como las columnas de un templo titánico sin techo, que recuerda las mesetas diseccionadas de Skye...

Una cosa que observan muchos escaladores con respecto a la cumbre del monte Kinabalu es el viento: helado, cortante, silbante. Gibbs también lo notó: «El frío viento que silbaba a través del hueco» entre las rocas recortadas. Junto con los demás, escribió su nombre en un trocito de papel, lo metió dentro de una botella de cristal, apoyó la botella contra la pendiente y construyó un pequeño montículo de piedras para protegerla.

Los relatos escritos por botánicos y naturalistas coloniales son fascinantes a la par que incómodos. Gibbs deja bien clara la importancia del estudio botánico para explotar las «riquezas naturales» de Borneo septentrional y asegurar el éxito de la región como colonia. Alaba repetidamente la naturaleza «diligente» de los nativos, y su «espíritu comercial», mientras, al mismo tiempo, observa la destrucción llevada a cabo por la expansión colonial en sus formas de vida. Pero esa historia colonial es parte de lo que me ha dado forma a mí. Fueron los británicos los que fomentaron la migración desde el sur de China a Borneo a principios de la década de 1900 al crear asentamientos de trabajadores hakka en Sabah, donde los hakka representan ahora la mayoría de la comunidad china.

En estos tiempos no se permite que los visitantes dejen objeto alguno en la cima del monte Kinabalu, ni en ningún otro lugar del camino. Es una tierra sagrada. Aunque el pico más alto recibió el nombre del primer inglés que lo conquistó, la montaña no le pertenece. Nunca lo hizo.

7. *Azul ala de mariposa*

Mi abuelo y Lilian Gibbs eran científicos, a diferencia de mí. Leo sus descripciones sin comprender a veces las palabras que usan. Ellos fueron a la montaña a construir un catálogo de plantas, peces y ríos, y ahora, al leer su trabajo, yo empiezo a construir un catálogo de colores.

El rojo es el color del rododendro de montaña y de las orquídeas diminutas. La *Styphelia learmonthiana,* de «color rojizo y con venas rojas», es uno de los especímenes de planta que Gibbs mantenía en el Herbario de los jardines de Kew, que ha sido digitalizado *online.* Ella vio esa planta justo por debajo de la cumbre del monte Kinabalu, expuesta al viento, creciendo entre las grietas del granito. Nunca la había visto antes, y tomó la libreta y el lápiz para hacer un dibujo de su forma intrincada: explosiones de diminutos pétalos blancos firmemente ahuecados por el sépalo, la parte del tallo que sostiene la cabezuela de la flor, de un rosa oscuro.

En la imagen digitalizada de su espécimen, la planta está sujeta a una hoja de papel amarillento, junto con una tarjeta que indica su nombre y dónde se recogió («Borneo septentrional británico, Kinabalu, 1910»). Las palabras que Gibbs escribió a mano están comprimidas, hechas de curvas sueltas, como si las hubiera garabateado muy deprisa. Los tallos son delgados y frágiles ahora. Las hojas y los pétalos se han desvaído hasta adquirir un tono dorado apagado, apretado contra la página, todos mirando en una sola dirección, como si las hubieran sorprendido ondeando con el viento que soplaba en la cima. Un sobre pequeño sin doblar está fijado a la hoja y se abre hacia fuera como la ventanita de un calendario de Adviento; en él se han mantenido a salvo un puñado de semillas secas.

Mi primer verano en Londres compré un ejemplar de la *Nomenclatura de colores de Werner* en la tienda de regalos del Museo de Historia Natural. Publicado en 1814, el libro es una taxonomía de las descripciones de colores en referencia a algunos animales, vegetales y minerales específicos. Abraham Gottlob Werner fue un geólogo alemán que clasificó por primera vez cristales por su color. Los gráficos del libro están divididos en blancos, grises, negros, azules, morados, verdes, amarillos, naranjas, rojos, marrones. Para cada tono da tres ejemplos del color visto en el mundo natural. Para describir determinadas tonalidades de azul, Werner se fijó en los bordes de las alas de las mariposas, igual que yo.

«Azul ultramar» es el color de la «parte superior de las alas de una pequeña níspola azul»; «azul flor de lino» es «la parte más clara del margen de las alas de la mariposa diablo».

La *Nomenclatura de colores de Werner* se lee como un archivo colonial del color. Werner quería «eliminar la actual confusión en los nombres de los colores» y establecer un sistema de nomenclatura estandarizado para poder usarlo entre naturalistas, coleccionistas y pintores en una época en que los científicos acompañaban a los colonizadores en sus viajes a los confines más lejanos del Imperio británico, como *sir* Joseph Banks, que se llevó a casa especímenes de plantas de Aotearoa en el *Endeavour*. En este libro, Charles Darwin encontró un nuevo lenguaje para describir el color; lo usó para ayudarse a llevar un registro de su viaje en el HMS *Beagle* a Australia, Nueva Zelanda, Tahití y Sudamérica, desde 1831 a 1836.

Pero no hay un catálogo estandarizado de nombres de colores. Nuestro lenguaje para los colores cambia según nuestras propias experiencias y recuerdos: el azul de las alas de una mariposa gigante de Borneo en una caja de cristal; el amarillo del centro de una tartaleta de crema. Esos colores cambian todo el tiempo.

8. *Rosa pálido flor de mirto*

Una tarde de lluvia cálida al pie de la colina del monte Kinabalu, en 1910. La veo con su vestido de algodón blanco, inclinándose mucho para tocar las hojas de un arbusto con unas flores rosas. Las reconoce de inmediato: *Anisophyllea*. Se detiene. El aroma, el color. Recuerda súbitamente un valle en Rotorua, en Nueva Zelanda, donde caminó sola cinco años antes bajo el sol intenso. Esa planta prosperaba allí, con el viento. En la misma ladera reconoce un matorral de mirto, *Baeckea frutescens,* el árbol de la curación. Aplasta el extremo de una hoja como una aguja entre los dedos y aspira el aroma. Este es su lenguaje: el lenguaje de las plantas a grandes alturas.

Un día de sol implacable de junio de 1964. Mi abuelo se agacha entre las sombras junto a la corriente que fluye, con los pantalones caqui enrollados justo por encima de los tobillos. Observa muy de cerca la superficie y lee los diseños del movimiento en el agua. A pocos metros corriente abajo, el torrente se estrecha donde el agua cae por encima de unas rocas grandes. Mientras esperan en silencio a que los peces surjan a la superficie, oye el sonido de la cascada que cae en un cuerpo de agua más grande, abajo.

Una luminosa mañana de septiembre de 2020: estoy sentada sola en la biblioteca con unas paredes de color verde lino. Esta es una biblioteca del Imperio británico y de toda su flora, fauna y pueblos indígenas. Pienso en mi propia historia natural, ambos lados de mi herencia arraigados en colonias isleñas. En el escritorio que tengo delante, dos fotografías en blanco y negro una junto a la otra: una, tomada en 1910, muestra la cara de roca de granito de la cumbre del Kinabalu. La otra, de 1956, la superficie cristalina y quieta de un arroyo en la selva tropical de Sabah, con un enmarañado diseño de hojas y enredaderas reflejado en la superficie, casi en movimiento.

9. *Amarillo diente de león*

La forma de mi mundo está alterada ahora. Es fácil sentirse encallada, atascada, alejada del camino que había planeado. Se habla de que este año marcará el final de los viajes de larga distancia y es cierto, viajar ya es un lujo. Cuando pienso en todos los lugares a los que no puedo ir y adonde me gustaría ir, noto que la culpa arde en mi interior. Pero somos muchos aquellos cuya piel, cuyo linaje, está dividido por las líneas de la migración.

Cuando mi madre conoce a alguien nuevo que es hakka, como ella, sus ojos se iluminan. Me lo dice con calidez: «¡son hakka también!», y yo le sonrío y asiento, fingiendo que sé lo que quiere decir en realidad. Sé cómo suena el idioma, o al menos la variante de hakka que habla mi familia, que me resulta tan familiar como el sonido del mar, pero no lo entiendo. Sé que hay manjares hakka especiales, platos a la brasa de exquisito aroma con tofu, cerdo y despojos, pero no los probé cuando era niña. Si no sé hablar la lengua ni cocinar las recetas, nunca me he sentido segura de poder reclamar ese vínculo ancestral.

Los hakka no son una etnia, sino un subgrupo cultural diferente de la mayoría china han. La historia de mis antepasados es una historia de migración, desplazamiento y fugacidad. Primero desde el norte y el centro de China, desde donde se cree que tuvieron su origen, hasta el sur de China y Taiwán. Luego, enormes oleadas de migraciones desde 1850 en adelante, como resultado de disputas por las tierras, hambrunas y agitación, a Malasia, adonde huyeron mis abuelos, a Singapur, Vietnam, América del Norte y del Sur, el Caribe, Europa, Australia, Aotearoa y otras tierras.

Ahora comprendo que ser hakka significa que no venimos todos de un solo lugar, sino más bien de pueblos e islas muy dispersas. Significa que no todos hablamos la misma lengua, sino muchas variantes regionales de distintos idiomas, incluido el inglés.

Recuerdo haber buscado la palabra en mandarín para hakka con mi móvil durante una de mis primeras clases de chino en la universidad, 客家人, *kèjiā rén*. La traducción literal inglesa de la frase surgió enseguida debajo: 'gente invitada'. Nunca entendí lo importante que era el sentido de esas palabras hasta años más tarde. ¿Qué significa ser un invitado en Aotearoa, en parte colonizador, en parte migrante reciente? ¿Qué significa ser un invitado en Gran Bretaña, bajo una campaña popular del Gobierno de retórica y política antinmigración? La escritora de Aotearoa K. Emma Ng se pregunta: «¿Cómo podemos pertenecer aquí, ser "de aquí", sin recrear la violencia que históricamente ha estado integrada en el gesto de intentar pertenecer?». Todo esto empieza en algún lugar, reconociendo que tanto mi blancura como mi esencia china son identidades inmigrantes. Empieza comprendiendo qué significa echar raíces en una tierra robada, y hacerlo con intención, con cuidado y con respeto. Significa una responsabilidad colectiva, y trabajar por un mundo mejor para los indígenas y la gente desplazada.

En Aotearoa tenemos una palabra importante para todo esto: *tauiwi*. No maorí, no indígena. Algunos neozelandeses no pueden soportar que les llamen «invitados»: no se ven a sí mismos como extranjeros, ni nuestros abuelos o bisabuelos que trazaron líneas en la tierra perteneciente a los *tangata whenua*. Pero ser *tauiwi* no significa quedarse a la deriva, sin raíces, sin ataduras a un hogar ancestral. Significa seguir los hilos de mi historia, mi historia colonial, y tener todas las piezas en las manos. Significa buscar siempre el mar.

Una metáfora muy conocida para la gente hakka es la del diente de león, esa flor vivaz y amarilla que crece como la mala hierba. La escritora gastronómica Linda Lau Anusasananan escribe en *The Hakka Cookbook* ('El libro de cocina hakka'): «Como un diente de león, un hakka puede aterrizar donde quiera, echar raíces en el terreno más pobre y medrar y florecer». En la medicina china tradicional, el diente de león, como otras plantas de sabor amargo, se usa para limpiar y curar. Los coloridos dientes de león crecían en todos los prados junto a los edificios de mi colegio en Wellington. Los cogíamos y aplastábamos los pétalos entre el pulgar y el índice, y nos manchábamos los dedos de amarillo.

10. *Azul pluma de cola de urraca*

Durante el largo y ansioso verano, aprendí a coser. Tenía un retal de algodón azul índigo de Indonesia que me había regalado mi madre doblado en el fondo de mi armario. Me recordaba al cubrecama acolchado hecho a mano que tenía en la cama cuando era pequeña, un regalo de Po Po y Gong Gong. Estaba hecho con retales de telas estampadas (recuerdo una hilera de barcos, estrellas doradas y nubes) rodeado por un algodón muy suave color turquesa que empezaba ya a desgastarse por debajo. Mi madre sabía de dónde procedían todos aquellos cuadraditos de tela: de vestidos que había llevado Po Po, cortinas, pijamas que se le habían quedado pequeños. Yo siempre había supuesto que era Po Po quien hacía aquellas labores, y nunca pensé en averiguar algo más..., hasta que un día le conté a mi madre que había estado aprendiendo a coser, y ella me devolvió un mensaje que decía: «¿Sabías que Gong Gong hizo aquellos cubrecamas con una antigua máquina de coser que había junto al piano?». Yo me quedé estupefacta, preguntándome cómo era que nunca me había enterado de eso. Hay varios cubrecamas: al menos tres, uno para cada uno de sus nietos mayores. Cada uno es un archivo de telas unido por costuras que se cosieron antes de que yo naciera, doblado y guardado en una caja y transportado al otro lado del mar.

La casa de mis abuelos siempre me pareció un archivo de algo, no uno polvoriento e intacto, sino un registro vivo de una familia desperdigada. En este momento no sabemos cuándo nos volveremos a ver, pero eso no siempre importa. Es un archivo enraizado en la memoria y en nuestro hábito compartido de recoger cosas y no tirarlas nunca.

Un archivo personal del color azul: la bahía de Wellington bajo las nubes oscuras; las amplias alas de una mariposa *Tanaecia iapis* pinchada en una caja de cristal; las plumas iridiscentes de la cola de una urraca echada y con la cabeza vuelta delicadamente a un lado, como si estuviera dormida en el sendero; un ejemplar de orquídea de cien años, prensada y recogida en Borneo, con las venas de los pétalos curvados todavía moradas e índigo; un bote de esmalte de color azul petróleo que en tiempos perteneció a Po Po; el costurero de un azul marino intenso de mi madre; una piscina rodeada por colinas y selvas tropicales.

«Un lugar se convierte en un hogar cuando te sostiene, cuando te alimenta en cuerpo y en espíritu», escribe Robin Wall Kimmerer en *Una trenza de hierba sagrada.* Pienso en los últimos cuerpos de agua que he tocado y que me han sostenido y conectado con lugares que no alcanzo. En pleno verano, bajo unas pesadas nubes en la costa de Kent, junto a la franja de agua que separa esa pequeña isla del continente europeo. A finales de verano, en un río junto a Oxford, donde David nadó hasta la otra orilla para coger unas moras y traérmelas al otro lado con una mano levantada fuera del agua. A principios del otoño, en el estanque oscuro, con las hojas cayendo a mi alrededor y desde mí misma al aupar mi dolorido cuerpo por la escalerilla de metal y, luego al escurrirme el agua del estanque del pelo. Pienso en el jardín de mi balcón, muy descuidado, una colección de plantas colocadas allí para ayudar a sustentar tanto mi cuerpo como mi espíritu: jengibre, ajo, cebolletas, menta, caléndulas.

Junto a mi ventana, el pequeño *kōwhai* crece a un ritmo constante en su maceta, con las hojas oscuras y fuertes.

Agradecimientos

Siempre estaré agradecida por haber forjado amistad con un grupo de mujeres cuyo arte y activismo me inspira constantemente. Muchas de ellas leyeron y ayudaron a dar forma a los primeros borradores de estos textos: gracias a Saradha Soobrayen, Pema Monaghan, Patryusha y Jennifer Wong.

Este libro no existiría sin Jessica J. Lee, cuyo libro de memorias *Turning* («Dar la vuelta») me puso en camino e hizo que me pareciera posible todo este trabajo. Gracias por tu amistad y apoyo, y por nuestra natación en aguas frías.

Al establecer el premio Nan Shepherd, Canongate ha ayudado a hacer más inclusivo el campo de la escritura sobre naturaleza. Estoy inmensamente agradecida por su visión y su apoyo, especialmente con mi editora, Megan Reid, Caroline Clarke, Vicki Rutherford, Alice Shortland y Lucy Zhou, y con mi brillante correctora Saba Ahmed.

Gracias a mi agente, Kirsty McLachlan, por su constante apoyo, a Gill Heeley por su asombrosa pintura para la portada original y a Jo Dingley por sus ilustraciones.

Gracias también a Rose Lou, Helen Rickerby y Sarah Webster, cuyas palabras siempre siempre valoro. Y a antiguos profesores de escritura como Marin Sardy, Ashleigh Young y Harry Ricketts, así como a mis compañeros de taller, tanto de 2013 como de 2020, que me animaron a seguir escribiendo sobre ballenas.

Estoy en deuda con los bibliotecarios de la Sociedad Linneana de Londres, mi profesor 书法 en el Instituto Ming'Ai de Londres, Hu Laoshi, y todos mis antiguos colegas de la Biblioteca Nacional de Poesía.

Gracias sobre todo a mi familia, especialmente a mamá, papá, Gong Gong y Po Po, por todos esos viajes al monte Kinabalu y al museo de Sabah. Gong Gong, Kiu Kiu, Ai Lan, tía Bin, tío Boon, Sara, Adrian…, espero que volvamos a vernos todos muy pronto.

Gracias a ti, David, por acompañarme siempre en busca del mar.

Créditos y permisos

Se han hecho todas las gestiones posibles para encontrar a los propietarios de los derechos y obtener su permiso para el uso de su material. El editor se disculpa por cualquier posible error u omisión y agradecería que le comunicasen las posibles correcciones que deberían incorporarse en futuras reimpresiones o ediciones de este libro.

Los fragmentos de «La maldición» y «El instituto del dolor secreto», en *Curses, Curses,* de Kirstie Millar, se han reproducido con el amable permiso de la autora y de sus editores. El fragmento de «Teoría de la campana», en *A Cruelty Special to Our Species,* de Emily Jungmin Yoon, se ha reproducido con el amable permiso de la autora. El fragmento de «Día a día», en *Tētai Whetū,* de Kiri Piahana-Wong, se ha reproducido con el amable permiso de la autora y de sus editores. El fragmento de «El río lleva nuestro nombre», en *Cup,* de Alison Wong, se ha reproducido con el amable permiso de la autora y de sus editores. Los fragmentos de «First Love/Late Spring», «Your Best American Girl», «My Body's Made of Crushed Little Stars» y «A Burning Hill» de Mitski se han reproducido con permiso de Warner Chappell. El fragmento de «Cómo separarse del

245

Bibliografía

La zona de seguridad

Kyo Maclear. *Birds Art Life: A Year of Observation*. Nueva York, Scribner, 2017. *[Los pájaros, el arte y la vida: por qué lo pequeño es hermoso: historia de una recuperación.* Barcelona, Ariel, 2017, traducción de Carles Andreu].

Rena Priest. «What Happens to Them Happens to Us». *Hakai Magazine*, 12 May 2020: <https://www.hakaimagazine.com/features/what-happens-to-them-happens-to-us/>.

John Ristau. «Ghost quakes: The ghost chips of earthquakes». *Newshub NZ*, 10 de septiembre de 2018: <https://newshub.co.nz/home/newzealand/2018/08/ghostquakes-the-ghost-chips-of-earthquakes.html>.

Donde florece el *kōwhai*

Joseph Banks' Florilegium: *Botanical Treasures from Cook's First Voyage*. Londres, Thames & Hudson, 2017 (publicado por primera vez en 1990).

Walter Reginald Brook Oliver. *Botanical Discovery in New Zealand: The Visiting Botanists*. Wellington, Hutcheson, Bowman & Stewart, 1951.

Joseph Angus Mackay. *Historic Poverty Bay and the East Coast, North Island, New Zealand*. Gisborne, J.A. Mackay, 1949.

«Sophora Tetraptera. Winged-Podded Sophora». *Curtis's Botanical Magazine*, 1791.

Anna Jackson. *Diary Poetics: Form and Style in Writers' Diaries, 1915–1962*. Oxford, Routledge, 2010.

Sylvia Plath. *The Bell Jar*. Londres, Faber & Faber, 2001 (1963). *[La campana de cristal*, Sylvia Plath, Random House, Barcelona, 2019, traducción de Eugenia Vázquez Nacarino].

Franny Choi. «How to Let Go of the World». *PEN America*, 3 de octubre de 2019: <https://pen.org/how-to-let-go-of-theworld/>.

Katherine Mansfield. «At the Bay», de *The Garden Party and Other Stories*. Londres, Penguin Books, 1997 (1922). [«En la bahía », en *Cuentos completos,* Barcelona, Alba, 2001, traducción de Clara Janés, Esther de Andreis, Francesc Parcerisas y Alejandro Palomas].

Jessica J. Lee. *Turning*. Londres, Virago, 2017.

Quentin Pope (ed.). *Kōwhai Gold: An Anthology of Contemporary New Zealand Verse*. Londres, J.M. Dent & Sons, 1930.

El lenguaje de las olas

Plinio el Viejo. *The Complete Works of Pliny the Elder*. East Sussex, Delphi Classics, 2015 [obras en Gredos, Cátedra, Planeta, Alianza, etc.].

Abi Andrews. *The Word for Woman Is Wilderness*. Londres, Serpent's Tail, 2018. *[Naturaleza es nombre de mujer,* Madrid, Volcano Libros, 2020, traducción de Paula Zumalacárregui].

Cheryl Strayed. *Wild*. Londres, Atlantic Books, 2012. *[Salvaje,* Barcelona, Roca Editorial, 2013. Traducción de Isabel Ferrer y Carlos Milla].

Abi Palmer. *Sanatorium*. Londres, Penned in the Margins, 2020.

Kirstie Millar. *Curses, Curses*. Londres, Takeaway Press, 2019.

Pequeñas estrellas aplastadas

Mitski. *Bury Me at Makeout Creek*. Nueva York, Double Double Whammy Records, 2014.

Mitski. *Puberty 2*. Indiana, Dead Oceans, 2016.

Aleyna Martinez. Tayi Tibble on Poūkahangatus & Decolonising the Mind. *Serum Digital Magazine*, 13 de septiembre de 2018: <https://digital-serum.com/2018/09/13/author-tayi-tibble-on-poukahangatus-decolonisingthe-mind/>.

Will Harris. *Mixed-Race Superman*. Londres, Peninsula Press, 2018.

Talia Smith. *The heart is the strongest muscle in the body*. Auckland, Window Gallery, 2018: obra de arte multimedia accesible en <https://www.windowgallery.co.nz/exhibitions/the-heart-is-the-strongest-muscle-inthe-body>.

Michelle Zauner. «Crying in H Mart». *New Yorker,* 20 de agosto de 2018.

Layli Long Soldier. *Whereas*. Minneapolis, Graywolf Press, 2017.

Sarah Howe. *Loop of Jade*. Londres, Chatto & Windus, 2015.

Jem Yoshioka. *Visits*. 2017: <http://jemshed.com/2016/05/visits-and-habits/>.

Falling City

Eileen Chang. *Love in a Fallen City* (trad. al inglés por Karen S. Kingsbury).Nueva York, NYRB Classics, 2006 (1943).

Robin Hyde. *Dragon Rampant*. Wanganui, AG Books, 2013.

Eileen Chang. *Half a Lifelong Romance* (trad. al inglés por Karen S. Kingsbury). Nueva York, Anchor, 2016 (1948–50).

Las lluvias de ciruelas

Du Fu. «梅雨» («Plum Rains»), *The Poetry of Du Fu: Volume 1* (trad. al inglés y ed. por Stephen Owen). Berlín, De Gruyter, 2016.

Nina Li Coomes. «What Miyazaki's Heroines Taught Me About My Mixed-Race Identity». *Catapult*. 3 de octubre de 2016: <https://catapult.co/stories/fans-what-miyazakisheroines-taught-me-about-my-mixed-race-identity>.

Todos soñamos con piscinas

Leanne Shapton. *Swimming Studies*. Nueva York, Blue Rider Press, 2012.

Ellena Savage. «Everything Anyone Has Ever Said About the Pool». *Kill Your Darlings*, 3 de junio de 2019: <https://www.killyourdarlings.com.au/article/everythinganyone-has-ever-said-about-the-pool/>.

J. A. Johnson. *Assessing the Impact of Climate Change in Borneo*. Washington, D.C., World Wildlife Fund's Environmental Economics Series, 14 de junio de 2012.

Peladuras

Jane Wong. «Offerings». *The Common*, 19 de junio de 2019: <https://www.thecommononline.org/offerings/>.

Amor lejano

Louise DeSalvo & Mitchell Alexander Leaska (eds). *The Letters of Vita Sackville-West to Virginia Woolf*. San Francisco, Cleis Press, 2001.

Katherine Mansfield. «The Tiredness of Rosabel», en *Katherine Mansfield's Short Stories*. Auckland, Penguin Random House New Zealand, 2010 (1908). [«El cansancio de Rosabel», en *Cuentos completos,* Barcelona,

Alba, 2001, traducción de Clara Janés, Esther de Andreis, Francesc Parcerisas y Alejandro Palomas].

Margaret Atwood. *The Handmaid's Tale*. Nueva York, Anchor Books, 1998 (1985). *[El cuento de la criada*, Margaret Atwood, Salamandra, 2017, traducción de Elsa Mateo Blanco].

Emily Jungmin Yoon (ed.). *Against Healing: Nine Korean Poets (Translating Feminisms)*. Londres, Tilted Axis Press, 2019.

Jardines tiernos

John MacKinnon y Karen Phillips. *A Field Guide to the Birds of China*. Oxford, Oxford University Press, 2020 (2000).

Alexander Chee. *How to Write an Autobiographical Novel*. Londres, Bloomsbury Publishing, 2018.

Emily Jungmin Yoon. *A Cruelty Special to our Species*. Nueva York, Ecco Press, 2018.

Rachael Allen. *Kingdomland*. Londres, Faber & Faber, 2019.

Alison Wong. «Pure Brightness». *Grifth Review 43: Pacific Highways*, enero de 2014: < https://www.grifthreview.com/articles/pure-brightness/>.

Manying Ip (ed.). *Unfolding History, Evolving Identity: the Chinese in New Zealand*. Auckland, Auckland University Press, 2003.

Alison Wong. «The River Bears Our Name», de Cup. Wellington, Steele Roberts, 2006.

Maraea Rakuraku & Vana Manasiadis (eds), *tātai whetū: seven Māori women poets in translation*. Wellington, Seraph Press, 2018.

Julia C. Lin (ed. y trad.). *Women of the Red Plain: An Anthology of Contemporary Chinese Women Poets*. Nueva York, Pufn, 1993.

Bing Xin 冰心. «纸船» («Paper Boats»), de 纸船：传世 经典美文 («Paper Boats: Classic Masterpieces»). Fuzhou, Fujian People's Publishing House, 2012.

Dolor

Ava Wong Davies, «The First», de *At the Pond: Swimming at the Hampstead Ladies' Pond*. Londres, Daunt Books Publishing, 2019.

Jessica J. Lee. *Turning*. Londres, Virago, 2017.

Katherine Mansfield. «At the Bay», de *The Garden Party and Other Stories*. Londres, Penguin Books, 1997 (1922). [«En la bahía», en *Cuentos completos,* Barcelona, Alba, 2001. Traducción de Clara Janés, Esther de Andreis, Francesc Parcerisas y Alejandro Palomas].

Sharlene Teo. «Echolocation», de *At the Pond: Swimming at the Hampstead Ladies' Pond*. Londres, Daunt Books Publishing, 2019.

Ilaria Maria Sala. «What the world's fascination with a female-only Chinese script says about cultural appropriation». *Quartz*, 24 de mayo de 2018: <https://qz.com/1271372/what-the-worlds-fascination-withnus-hu-a-female-only-chinese-script-says-aboutcultural-appropriation/>.

Jen Bervin. *Su Hui's Reversible Poem*. Vídeoinstalación (diversas dimensiones) y dos bordados de seda de doble cara enmarcados, 85 x 52 x 20 cm.

Rainbow Chan. *To Enclose One's Mouth*. Instalación en el 4A Centre for Contemporary Asian Art, Sydney, 2017.

Kerry Ann Lee. *The Unavailable Memory of Gold Coin Café*. Edición limitada del catálogo de la exposición diseñado, impreso y producido por la artista, 2015: <https://enjoy.org.nz/media/uploads/2016_04/2015_TheUnavailableMemoryofGoldCoinCafe_KerryAnnLee.pdf>.

Guerrino Marsecano. *The English–Hakka Dictionary* 英客字典，光啟出版社. 1959.

Tomoko Kawao. 「家」. 2014: <https://www.instagram.com/p/B-lmW-gYnMFX/?utm_source=ig_web_copy_link>.

El museo de las nubes blancas

Kerry Ann Lee. *Return to Skyland*. Instalación de vídeo & papel de pared de vinilo en el Museo Nacional de Nueva Zelanda, Te Papa Tongarewa, 2018.

En el archivo de las cascadas

Robert F. Inger y Phui Kong Chin. *The Fresh-Water Fishes of North Borneo*. Fieldiana, Zoology [vol. 45]. Sabah, Malaysia: Sabah Zoological Society, 1990 (1964).

E. J. H. Corner. *Royal Society Expedition to North Borneo 1961*. Special Reports: 1. SOILS, Sociedad Linneana de Londres, [vol. 175, nº 1], enero de 1964.

Nan Shepherd. *The Living Mountain*. Londres, Canongate Books, 2011 (1977). [*La montaña viva*, Madrid, Errata Naturae, 2019, traducción de Silvia Moreno Parrado].

Saidiya Hartman. *Wayward Lives, Beautiful Experiments*. Londres, Serpent's Tail, 2019.

Lilian S. Gibbs. *A Contribution to the Flora and Plant Formations of Mount Kinabalu and the Highlands of British North Borneo*. Malasia; Londres: Natural History Publications (Borneo) en asociación con la Sociedad Linneana, Londres, 2001.

Patrick Syme. *Werner's Nomenclature of Colours: Adapted to Zoology, Botany, Chemistry, Mineralogy, Anatomy, and the Arts.* Londres, Museo de Historia Natural, 2017 (1814).

K. Emma Ng. *Old Asian, New Asian.* Wellington, Bridget Williams Books, 2017.

Linda Lau Anusasananan. *The Hakka Cookbook.* Berkley, University of California Press, 2012.

Robin Wall Kimmerer. *Braiding Sweetgrass: Indigenous Wisdom, Scientifc Knowledge and the Teachings of Plants.* Londres, Penguin Books, 2020 (2013). [*Una trenza de hierba sagrada.* Madrid, Capitán Swing, 2021, traducción de David Muñoz Mateos].

Gracias a los editores de las siguientes publicaciones donde aparecieron por primera vez versiones de estos trabajos: «Una chica nadando es un cuerpo de agua» en *The Willowherb Review* y *At the Pond,* publicado por Daunt Books Publishing; «El lenguaje de las olas» en *Ache Magazine;* «Falling City» en *The Shanghai Literary Review* y *Magnolia,* 木蘭, publicado por Nine Arches Press; «Peladuras» en AAWW's *The Margins;* «Jardines tiernos» en *Landfall;* «Dolor: un diario de natación» en *Turbine | Kapohau,* y «El museo de las nubes blancas» en *Hainamana Arts.* «Amor lejano» fue encargado originalmente para la serie de *e-newsletter close.*

Sobre la autora

© David Marshall

Nina Mingya Powles es una escritora y editora de Aotearoa (Nueva Zelanda). Es la autora de tres poemarios, entre ellos *Magnolia,* 木蘭*,* que fue finalista de los premios Ondaatje y Forward; y de *Tiny Moons: A Year of Eating in Shanghai.* En 2019, recibió el premio Nan Shepherd de naturaleza por *Pequeños cuerpos de agua* y, en 2018, ganó el premio Women Poets, otorgado por la Fundación Rebecca Swift. Es editora fundadora de la editorial Bitter Melon 苦瓜. Nina nació en Aotearoa, creció en buena parte en China y actualmente reside en Londres.

Ático de los Libros le agradece la atención
dedicada a *Pequeños cuerpos de agua*,
de Nina Mingya Powles.
Esperamos que haya disfrutado de la lectura
y le invitamos a visitarnos
en www.aticodeloslibros.com,
donde encontrará más información
sobre nuestras publicaciones.

Si lo desea, puede también seguirnos
a través de Facebook, Twitter o Instagram y suscribirse a
nuestro boletín utilizando su teléfono móvil
para leer los siguientes códigos QR: